Wörterbuch Deutsch-Dänisch

Wörterbuch Dänisch-Deutsch

Der Sprachführer
Dänisch

Mehr Kontakt zu Land und Leuten

Herausgegeben von Ethem Yilmaz
Bearbeitet von Inge Casten

Max Hueber Verlag

Herausgeber der Reihe „Der Sprachführer“:
Ethem Yilmaz

Bildnachweis
Braun & Voigt, Heidelberg: 11, 20; Mehmet Tançgil, Düsseldorf: 21, 53; Mols-Linien A/S, Ebeltoft: 29; Feri Lux, Dänemark: 55; Inge Casten, Herdecke: 64,76, 104;Vural Uysun, Bochum: 90; Tuncay Supcun, Bochum: 94; Mehmet Unay, Düsseldorf:106, 109; MHV-Archiv (Cristian Regenfus) 110

3. 2. 1. | Die letzten Ziffern
2001 2000 99 98 97 | bezeichnen Zahl und Jahr des Druckes.
Alle Drucke dieser Auflage können, da unverändert, nebeneinander benutzt werden.
1. Auflage

Umschlaggestaltung: Braun & Voigt, Heidelberg
Layout: Birol Aslankaya, Köln
Druck: Laupenmühlen Druck, Bochum
Printed in Germany
ISBN 3-19-005222-0

Inhalt

Einführung

Groß im Inhalt, klein im Preis - wir freuen uns, daß Ihre Wahl auf den neuen Sprachführer gefallen ist.
Was die kleinen Neuen von Hueber ganz groß macht, verraten die besonderen Details von A bis Z.

Aktuell: die Vielzahl praktischer Sätze und Formulierungen. Übersichtlich gegliedert, garantieren sie, daß Sie sich in allen wichtigen Situationen bestens in Ihrem Gastland verständigen können.

Farbe: durch farbige Orientierungshilfen können Sie die einzelnen Kapitel schnell und ohne umständliches Nachschlagen finden.

Grammatik: einige grundlegende Grammatikregeln vermitteln einen Einblick in den Aufbau der Sprache.

Hilfreich: die neue Lautschrift, die so einfach ist, daß sie jeder versteht.

Insidertips: die Fülle landeskundlicher Details. Man erfährt Genaues über regionale und kulturelle Besonderheiten, wo man sich abends trifft und, und, und. Kurz: wie man Land und Leuten näherkommt.

Ungewöhnlich: das umfassende Wörterbuch. Vom Deutschen ins Dänische und vom Dänischen ins Deutsche bietet es mit mehr als 2400 Stichwörtern eine große Palette für individuelle Ausdrucksmöglichkeiten.

Zusätzlich: ein Kapitel für das Reisen mit Kindern.

Mit anderen Worten: die handlichen Begleiter für unterwegs sind prall gefüllt mit allem, was Ihre Reise zu einem ganz außergewöhnlichen Erlebnis macht.

Anrede

i In Dänemark wird als höfliche Anrede sowohl für eine als auch für mehrere Personen „De“ benutzt. In der Umgangssprache wird jedoch immer mehr dazu übergegangen, sich mit „du“ und „I“ anzureden.

Herr …	Herr …	herr …
Frau …	Fru …	fru …
Sie	De	De
du	du	Du
ihr	I	I

Begrüßung

Guten Morgen!	God morgen! go morn!
Guten Tag!	God dag! Hej! go dä! hai!
Hallo!	Hallo!
Guten Abend!	God aften! go afdn!
Wie geht es Ihnen/Euch/dir?	Hvordan har De/I/du det? wordann nardi/i/du de?
Danke, gut.	Tak, godt. tak gott.
Herzlich willkommen!	Hjertelig velkommen! järteli wellkommen!
Ich freue mich! Wir freuen uns!	Jeg glæder mig! Vi glæder os! jai glä'er mai! vi glä'er oss!

Persönliches

Ich heiße Per/Tina.	Jeg hedder Per/Tina. jai he'er peer/tina.
Wie heißt du?	Hvad hedder du? wa he'er du?
Sind Sie Herr/Frau Nielsen/...?	Er De hr/fru Nielsen/...? är di herr/fru nilsen /...?
Ja, ich bin Herr/Frau Nielsen/...	Ja, jeg er hr/fru Nielsen/... ja jai är herr/fru nilsen/...

Nein, ich bin Herr/Frau Andersen/...	Nej, jeg er hr/fru Andersen/... nai, jai är herr/fru annersn/...
Wie ist Ihr Vorname?	Hvad er Deres fornavn? wa är ders fornaun?
Mein Vorname ist Gerd/...	Mit fornavn er Gerd/... mit fornaun är gerd/...
Wie ist Ihr Familienname?	Hvad er Deres efternavn? wa är ders efternaun?
Mein Familienname ist Müller/...	Mit efternavn er Müller/... mit efternaun är müller/...
Wann sind Sie geboren?	Hvornår er De født? wornoor är di fööt?
Ich bin am 07.03.1944/... geboren.	Jeg er født den 07.03.1944/... jai är fööt den süuene i tre'je nittenfiiroförre/...
Wo sind Sie geboren?	Hvor er De født? woor är di fööt?
Ich bin in Bonn/... geboren.	Jeg er født i Bonn/... jai är fööt i bonn/...
Wo wohnen Sie?	Hvor bor De? woor boor di?
Ich wohne in Berlin/...	Jeg bor i Berlin/... jai boor i berliin/...
Sind sie verheiratet?	Er De gift? är di gifd?
Nein, ich bin ledig.	Nej, jeg er ugift. nai, jai är ugifd.
Ja, ich bin verheiratet.	Ja, jeg er gift. ja, jai är gifd.
Haben Sie Kinder?	Har De børn? har di börn?
Nein, ich habe keine Kinder.	Nej, jeg har ingen børn. nai, jai har ingen börn.
Ja, ich habe Kinder.	Ja, jeg har børn. ja, jai har börn.

Wortliste Persönliches

Alter
alder
aller
Anschrift
adresse
Ehefrau
kone

Ehemann
mand
mann
Ehepaar
ægtepar
ägtepar

Familie
familie
familje
Familienname
efternavn
äfternaun
Frau fru

Geburtsort
fødested
fö'este
Geburtsdatum
fødselsdato
föselsdäto
heißen
hedde
he'e
Herr
hr herr
Kind
barn
Identität
identitet
ledig
ugift ugifd
männlich
hankøn
hannkönn
Name
navn
naun
Nationalität
nationalitet
nasjonalitet
Religion
religion
Sohn
søn sönn
Tochter
datter dadder
verheiratet
gift gifd
Vorname
fornavn
fornaun
weiblich
hunkøn
hunnkönn
wohnen
bo
boo
Wohnort
adresse

Schule/Studium/Beruf

Was sind Sie von Beruf?	Hvad er Deres erhverv? wa är ders erwärw?
Ich bin Lehrer/-in.	Jeg er lærer. jai är lärer.
Was machst Du?	Hvad laver du? wa läwer du?
Ich bin arbeitslos/pensioniert.	Jeg er arbejdsløs/pensioneret. jai är arbaislöös/pangsjoneret.
Ich gehe zur Schule/auf das Gymnasium.	Jeg går i skole/i gymnasiet. Jai gor i sgoole/i gymnäsjet.
Ich bin Student/-in.	Jeg er studerende. jai är studeerene.
Was für Hobbys hast du?	Hvad for hobbies har du? wa for hobbies har du?
Ich spiele Fußball.	Jeg spiller fodbold. jai spiller fo'boll.
Mein Hobby ist Reisen/...	Min hobby er at rejse/... min hobbi äraise/...

Wortliste Schule/Studium/Beruf

Angestellte/-r
ansat ansat
Apotheker/-in
apoteker
Arbeiter/-in
arbejder
arbaider
Arzt/Ärztin
læge läje
Ausbildung
uddannelse
u'dannelse
Automechaniker
bilmekaniker
biilmekääniger
Bäcker
bager
bäjer
Beamter/Beamtin
tjenestemand
tjänestemann
Beruf
erhverv
ärwärw
Berufsschule
fagskole
fau sgoole

Briefträger/-in
postbud postbu
Buchhalter/-in
bogholder
boouholler
Dolmetscher/-in
tolk
Elektriker/-in
elektriker elektriger
Fakultät
fakultet fakulteet
Fischer fisker fisger
Friseur/Friseuse
frisør frisöör
Geschäftsführer
forretningsfører
forrettningsförer
Goldschmied
guldsmed gullsme
Grundschule
grundskole
grunn sgoole
Gymnasium
gymnasium
gymnäsium
Handwerker
håndværker
honnwärger
Hausfrau
husmor husmoor
Hausmeister
vicevært wisewärt
Hochschule
højere læreanstalt
höire läreanstalt
Ingenieur/-in
ingeniør insjeniör
Juwelier
juveler juweleer
Kaufmann/Kauffrau
købmand köbmann
Kellner/-in
tjener tjäner,
frøken frögen
Kindergärtnerin
pædagog
pädagog
Krankenschwester
sygeplejerske
süüeplaiersge
Künstler/-in
kunstner
Landwirt/-in
landmand lannmann
Lehrer/-in
lærer lärer
Lehrling
lærling lärling
Maler/-in
maler mäler,
inde inne
Mechaniker/-in
mekaniker mekäniger
Metzger slagter
Musiker/-in
musiker muusiger
Optiker/-in
optiker obtiger
Polizist/-in
politibetjent
Rechtsanwalt
advokat a'wokäät,
sagfører sauförer
Reiseleiter/-in
rejseleder raisele'er
Rentner/-in
pensionist pangsjonist
Richter/-in dommer
Schauspieler/-in
skuespiller/inde
skuespiller/inne
Schlosser
maskinarbejder
masgiinarbaider,
smed sme
Schneider/-in
skrædder skrä'er,
syerske süersge
Schreiner/-in
snedker sne'ger
Schriftsteller
forfatter forfädder
Schuhmacher/-in
skomager skomäer
Schule
skole sgoole
Schüler
(skole) elev
(sgoole) eleeu
Sekretär/-in
sekretær segretär
Steuerberater/-in
revisor rewiisor
Student/-in
student
Studium studium
Taxifahrer
taxachauffør
taxasjoför
Techniker/-in
tekniker tekniger
Tischler
snedker sne'ger
Übersetzer/-in
oversætter
ouersädder
Uhrmacher
urmager urmäer
Verkäufer/-in
ekspedient eksbedient,
ekspeditrice egsbeditriise
Vertreter/-in
repræsentant
repräsentänt
Zahnarzt/Zahnärztin
tandlæge tannläje
Zimmermann
tømrer
tömmrer

Verständigung

Sprechen Sie Deutsch/Englisch/ Dänisch ...?	Taler De tysk/engelsk/dansk/...? täler di tüsk/engelsk/dansk/...?
Ich spreche etwas Deutsch/...	Jeg taler lidt tysk/... jai täler litt tüsk/...
Verstehen Sie mich/uns?	Forstår De mig/os? forstoor di mai/oss?
Sprechen Sie bitte langsam.	Vær venlig at tale langsomt. wär wenli a täle langsomt.
Ich verstehe Sie.	Jeg forstår Dem. jai forstoor dem.
Ich verstehe Sie nicht.	Jeg forstår Dem ikke. jai forstoor dem igge.
Wie heißt das auf dänisch?	Hvad hedder det på dansk? wa he'er de po dansk?
Was bedeutet Dannebrog/...?	Hvad betyder Dannebrog/...? wa betüer dannebroo/...?
Schreiben Sie es mir bitte auf.	Vær venlig at skrive det op til mig. wär wenli a skriwe de op till mai.
Wiederholen Sie bitte.	Vær venlig at gentage. wär wenli a genntä.

Wortliste Verständigung

aussprechen
udtale
u'täle
Dänisch
dansk
Deutsch
tysk tüsk
Englisch
engelsk
langsam
langsom
lernen
lære läre
lesen
læse läse
schnell
hurtig
hurdi
schreiben
skrive
skriiwe
Sprache
sprog
sproou
sprechen
tale täle
übersetzen
oversætte
ouersädde
Verständigung
forståelse
forstooelse
verstehen
forstå
forstoo
wiederholen
gentage
genntä

Hilfe für Behinderte

Gibt es hier/in ... behindertengerechte Einrichtungen?
Findes der her/i ... indretninger for handi-cappede?
finns de her/i ... innretninger for handikappe'e?

Ich bin körperbehindert/gehbehindert.
Jeg er handicappet/gangbesværet.
jai är handikapped/gangbeswäred.

Könnten Sie mir bitte behilflich sein?
Kunde De være så venlig at hjælpe mig?
kunne di wäre so wennli a jälpe mai?.

Ich höre/sehe schlecht.
Jeg hører/ser dårligt.
jai hörer/seer dorlit.

Sprechen Sie bitte etwas lauter.
Vær venlig at tale lidt højere.
wär wenli a täle litt heuere.

Schreiben Sie das bitte auf.
Vær venlig at skrive det op.
wär wennli a skriwe de op.

Wo ist der/die behindertengerechte Zugang/Tür/Toilette/...?
Hvor er handicap-indgangen/døren/toilettet/...?
Wor är handikäp-inngangen/dören/toulettet/...?

Ist es für Rollstühle geeignet?
Er den egnet til kørestole?
är den ained till körestoole?

Ich brauche jemanden, der mich begleitet/mir hilft/...
Jeg skal have èn til at ledsage/hjælpe/... mig.
jai skal hä een till a le'säe/jälpe/... mai.

Bitten

Darf ich Sie/dich um einen Gefallen bitten?
Må jeg bede Dem/dig gøre mig en tjeneste?
mo jai bee dem/dai göre mai en tjäneste?

Können Sie mir/uns bitte helfen?
Vil De være så venlig at hjælpe mig/os?
will di wäre so wenli a jälpe mai/oss?

Bringen/Geben Sie mir bitte eine deutsche Zeitung.
Vær venlig at bringe/give mig en tysk avis.
wär wenli a bringe/gi mai en tysk awiis.

Zeigen Sie mir/uns bitte den Weg zum Busbahnhof.
Vær venlig at vise mig/os vejen til rutebilstationen.
wär wenli a wise mai/oss waien till rutebiilstasjonen.

Gestatten Sie?
Tillader De?
tillä'er di?

Danken

Danke.	Tak. takk.
Vielen Dank!	Mange tak! mange takk!
Vielen Dank für Ihre Hilfe/Mühe.	Mange tak for hjælpen. mange takk for jälpen.
Keine Ursache!	Ingen årsag! ingen orsää!
Gern geschehen.	Ikke noget at takke for. igge noe a takke for.
Bitte sehr.	Selv tak. sell takk.

Entschuldigung

Entschuldigung!	Undskyld! unsküll!
Entschuldigen Sie bitte!	Undskyld! unsküll!
Ich muß mich bei Ihnen/dir entschuldigen!	Det må De/du meget undskylde! de mo di/du maied unskülle!
Es war nicht so gemeint!	Det var ikke ment sådan! de war igge meent sodann!
Das tut mir sehr leid!	Det er jeg meget ked af! de är jai maied ke ä!

Ja

Sehr gern.	Meget gerne. maied gerne.
Natürlich.	Naturligvis. naturliwiis.
Sehr gut.	Meget godt. maied gott.
Das gefällt mir.	Det kan jeg lide. de ka jai li.
Prima.	I orden. i ordn.
Ich bin sehr zufrieden.	Jeg er meget tilfreds. jai är maied tilfress.

Nein

Auf keinen Fall.	Ikke tale om. igge täle om.
Das ist sehr schlecht.	Det er meget dårligt. de är maied dorlit.
Das gefällt mir nicht.	Det synes jeg ikke om. de syns jai igge om.
Das möchte ich nicht.	Det vil jeg ikke. de will jai igge.
Das kann ich leider nicht.	Det kan jeg desværre ikke. de ka jai deswärre igge.

Vielleicht

Vielleicht ein anderes Mal.	Måske en anden gang. moskee en annen gang.
Vielleicht.	Måske. moskee.
Wahrscheinlich.	Sandsynligvis. sansüünliwiis.
Ich weiß noch nicht.	Jeg ved ikke endnu. jai wee igge ennu.
Das ist mir egal.	Jeg er ligeglad. jai är lieglä.
Wie Sie möchten.	Som De vil. som di will.

Verabredung

Treffen wir uns morgen abend/...?	Skal vi mødes i morgen aften/...? skall wi mö'es i morn afdn/...?
Wollen wir morgen abend/... zusammen ausgehen?	Skal vi gå ud sammen i morgen aften/...? skall wi go u sammen i morn afdn/...?
Wollen wir Samstag abend/... tanzen gehen?	Skal vi gå ud og danse lørdag aften/...? skall wi go u a danse lördä afdn/...?
Darf ich Sie/dich zum Essen/... einladen?	Må jeg invitere Dem/dig ud at spise/...? mo jai inwitere dem/dai ud a spise/...?
Nein, ich habe schon eine Verabredung.	Nej, jeg har allerede en aftale. nai, jai har alleree'e en autäle.
Wir können uns am Freitag abend/ ... treffen.	Vi kan mødes fredag aften/... wi ka möes fredä afdn/...
Treffen wir uns um 20.00 Uhr/... im Restaurant ...?	Skal vi mødes klokken tyve/... i restauranten...? skal wi möes kloggen tüwe... i restoranden/...?
Ich hole Sie/dich vom Hotel/... ab.	Jeg henter Dem/dig fra hotellet/... jai henter dem/dai fra hotellet/...
Ich bringe Sie nach Hause/...	Jeg følger Dem hjem/... jai följer dem jemm/...
Wollen wir uns noch einmal treffen?	Skal vi mødes igen? skal wi möes i genn?
Vielen Dank für den netten Abend.	Mange tak for den hyggelige aften. mange tak for denn hüggelie afdn.
Nein, ich möchte nicht.	Nej, jeg vil ikke. nai jai will igge.
Nein, lassen Sie mich bitte in Ruhe.	Nej, lad mig være i fred. nai, la mai wäre i fre.

Abschied

Ich muß mich verabschieden.	Jeg må gå nu. jai mo go nu.
Auf Wiedersehen!	Farvel! farwäll! på gensyn! po gensüün!
Tschüs!	Hej-hej! hai hai.
Bis bald/morgen!	På gensyn/på gensyn i morgen! po gensüün/po gensüün i morn!
Gute Nacht!	Godnat! gonatt!
Gute Reise!	God rejse! go raise!
Grüßen Sie Ihre/-n Frau/ Mann von mir/uns!	Hils Deres kone/mand fra mig/os! hils ders kone/mann fra mai/oss!
Viel Vergnügen!	God fornøjelse! go forneuelse!

Glückwunsch

Herzlichen Glückwunsch! (Sieg, Erfolg)	Hjertelig tillykke! järteli till lügge!
Herzlichen Glückwunsch zum Geburtstag/... !	Hjertelig tillykke med fødselsdagen/...! järteli till lügge me föselsdäen/...!
Gute Besserung!	God bedring! go bä'ring!
Alles Gute!	Tillykke! till lügge!
Viel Glück!	Held og lykke! häll o lügge!
Frohe Ostern/Pfingsten!	God påske/pinse! go pooske/pinse!
Frohe Weihnachten!	Glædelig jul! gläeli juul!
Ein frohes Neues Jahr!	Godt nytår! gott nüt or!
Viel Erfolg!	Held og lykke! häll o lügge!

Zahlen, Zeit und Wetter

Zahlen

Grundzahlen

0	nul null	**11**	elleve ellwe
1	en/et een/eet	**12**	tolv toll
2	to too	**13**	tretten träddn
3	tre tree	**14**	fjorten fjordn
4	fire fiir	**15**	femten femmdn
5	fem femm	**16**	seksten sajsdn
6	seks sägs	**17**	sytten süddn
7	syv süu	**18**	atten äddn
8	otte ode	**19**	nitten niddn
9	ni ni	**20**	tyve tüwe
10	ti ti		

Ordnungszahlen

1.	første förste	**11.**	ellevte ellfte
2.	anden annen	**12.**	tolvte tollde
3.	tredje treje	**13.**	trettende träddene
4.	fjerde fjäre	**14.**	fjortende fjordene
5.	femte femmde	**15.**	femtende femmdene
6.	sjette sjädde	**16.**	sekstende sajsdene
7.	syvende süuene	**17.**	syttende süddene
8.	ottende oddene	**18.**	attende äddene
9.	niende niiene	**19.**	nittende niddene
10.	tiende tiiene	**20.**	tyvende tüwene

Man zählt fortlaufend, indem man wie im Deutschen die Einerzahl vor die Zehnerzahl setzt und mit „og" verbindet.

21	enogtyve eenotüwe	**21.**	enogtyvende een o tüwene
22	toogtyve to o tüwe	**22.**	toogtyvende to o tüwene
23	treogtyve tre o tüwe	**23.**	treogtyvende tre o tüwene
30	tredive träwe	**30.**	tredivte träfte
31	enogtredive eenoträwe	**31.**	enogtredivte een o träfte
32	toogtredive to o träwe	**32.**	toogtredivte to o träfte
40	fyrre förre	**40.**	fyrreogtyvende förre o tüwene
50	halvtreds halltress	**50.**	halvtredsindstyvende halltressinstüwene
60	tres tress	**60.**	tresindstyvende tressinstüwene
70	halvfjerds hallfjärs	**70.**	halvfjerdsindstyvende hallfjärsinstüwene
80	firs fiirs	**80.**	firsindstyvende fiirsinstüwene
90	halvfems hallfemms	**90.**	halvfemsindstyvende hallfemmsinstüwene
100	hundrede hunner	**100.**	hundrede hunner
101	hundredeogen/et hunner o een/et	**101.**	hundrede og første hunner o förste
200	to hundrede to hunner	**200.**	to hundrede to hunner
1000	tusind tusin	**1000.**	tusinde tusinne
2000	to tusind totusin	**2000.**	to tusinde to tusinne

1996 nittenhundredeseksoghalvfems
niddenhunner säks o hallfemms

Maße/Gewichte

1 Gramm
1 gram
et gramm

1 Liter
1 liter
en lidder

1 Paar
1 par
et par

1 Stück
1 stykke
et stügge

1 Kilogramm
1 kilogram
et kilogramm

1 Meter
1 meter
en meter

1 Packung
1 pakke
en pakke

1 Teil
1 del
en deel

1 Kilometer
1 kilometer
en kilometer

1 Millimeter
1 millimeter
en millimeter

1 Pfund
1 pund
et punn

1 Zentimeter
1 centimeter
en sentimeter

Uhrzeit

Stunde	Viertelstunde	halbe Stunde	Dreiviertelstunde	Minute	Sekunde
time	kvarter	halv time	tre kvarter	minut	sekund
tiime	kwarteer	hall tiime	tre kwarteer	minutt	sekund

Man fragt folgendermaßen nach der Uhrzeit:

Wieviel Uhr ist es?	hvad er klokken? wa är kloggen

Die Antwort lautet:

Es ist 9.00 Uhr.	Klokken er ni. kloggen är ni.
Es ist 10.30 Uhr.	Klokken er halv elleve. kloggen är hall ellwe.
Es ist Viertel nach vier.	Klokken er kvart over fire. kloggen är kwart ouer fiir.
Es ist Viertel vor sechs.	Klokken er kvart i seks. kloggen är kwart i sägs.
Es ist zwanzig Minuten nach sieben.	Klokken er tyve minutter over syv. kloggen är tüwe minutter ouer süu.
Es ist sieben Minuten vor halb acht.	Klokken er syv minutter i halv otte. kloggen er süu minutter i hall ode.
Es ist fünf Minuten nach halb acht.	Klokken er fem minutter over halv otte. kloggen är femm minutter ouer hall ode.
Es ist zwanzig vor zehn.	Klokken er tyve minutter i ti. kloggen är tüwe minutter i ti.
Um wieviel Uhr treffen wir uns?	Hvornår mødes vi? wornoor möes wi?
Wir treffen uns um zwei.	Vi mødes klokken to. wi möes kloggen to.
In einer Stunde.	Om en time.
In einer halben Stunde.	Om en halv time. om en hall tiime.
Es ist zu spät/früh.	Det er for sent/tidligt. de är for seent/tilit.
Gegen 5.00 Uhr.	Ved femtiden. we femmtien.
Zwischen 8 und 9 Uhr.	Mellem klokken otte og ni. mellem kloggen ode o ni.
Gegen 8.30 Uhr.	Ved halvni tiden. wehallni tien.

Verschiedene Zeitangaben

am Tage/im Laufe des Tages/ morgens	om dagen/i løbet af dagen/om morgenen	om däen/i löbet a däen/om mornen
nachmittags/abends	om eftermiddagen/om aftenen	om eftermiddäen/om afdenen
vormittags/mittags	om formiddagen/om middagen	om formiddäen/om middäen
täglich/heute/morgen	daglig/i dag/i morgen	dauli/i dä/i morn
gestern/vorgestern	i går/i forgårs	i gor/i forgors
nachts/um Mitternacht	om natten/ved midnatstid	om nadden/we minats ti
übermorgen/am Wochenende	i overmorgen/i weekenden	i ouermorn/i weekenden

Datum

Den Wievielten haben wir heute/ morgen?	Hvad dato har vi i dag/i morgen?	wa däto har wi i dä/i morn?
Heute/Morgen ist der 12. Dezember.	I dag/i morgen er det den tolvte december.	i dä/i morn är de denn tollde desember.
Ich komme am 5. dieses/nächsten Monats.	Jeg kommer den femte i denne/næste måned.	jai kommer denn femmde i denne/näsde mone.
Ich bleibe bis zum 10. März.	Jeg bliver til den tiende marts.	jai bliir till denn tiiene marts.
Ich reise am 30. Juli ab.	Jeg rejser den tredivte juli.	jai raiser denn träfde juli.
Hamburg, den 10.12.1996.	Hamborg, den tiende i tolvte nittenseksoghalvfems.	hammbor, denn tiiene i tollde niddensägs o hallfemms.

Wochentage

Montag	mandag	mandä
Dienstag	tirsdag	tirsdä
Mittwoch	onsdag	onsdä
Donnerstag	torsdag	torsdä
Freitag	fredag	fredä
Samstag	lørdag	lördä
Sonntag	søndag	sönndä

Monate

Januar	januar	**Juli**	juli
Februar	februar	**August**	august
März	marts	**September**	september
April	april apriil	**Oktober**	oktober
Mai	maj mai	**November**	november nowember
Juni	juni	**Dezember**	december desember

Jahreszeiten

Frühling	**Sommer**	**Herbst**	**Winter**
forår	sommer	efterår	vinter
for or	sommer	äfder or	winnder

Feiertage in Dänemark

Neujahr (1. Januar)	Nytår nüt or
Gründonnerstag	Skærtorsdag skärtorsdä
Karfreitag	Langfredag langfredä
Ostersonntag	Påskedag pooskedä
Ostermontag	2. påskedag annen pooskedä
Bettag	Store bededag store be'edä
Christi Himmelfahrt	Kristi himmelfartsdag kristi himmelfartsdä
Verfassungstag	Grundlovsdag (5. juni) grunnlousdä
Pfingstsonntag	Pinsedag pinsedä
Pfingstmontag	2. pinsedag annen pinsedä
1. Weihnachtstag	Juledag juledä
2. Weihnachtstag	2. juledag annen juledä

Wetter

Die Temperaturen in Dänemark sind etwas niedriger als in Deutschland, wobei die Monate April bis August sonnenreicher und trockener sind. Charakteristisch für Dänemark sind die langen, hellen Sommernächte. Besonders die Vorsommermonate Mai und Juni sind sehr zu empfehlen (wenn man nicht auf maximale Badetemperaturen angewiesen ist). Dänemark im Mai ist ein Erlebnis, wenn die Buchenwälder fast auf den Tag genau am 10. Mai ausschlagen. Die Wassertemperaturen betragen in den Sommermonaten 18 bis 20 Grad. Dänemark erfreut sich wegen seines hohen Erholungswertes als ganzjähriges Urlaubsland zunehmend großer Beliebtheit. Ein Spaziergang am Strand ist zu jeder Jahreszeit nicht allein wegen der jodhaltigen Luft wohltuend.

Das Klima in Dänemark

	mittlere Tages-temperaturen in °C	Niederschlag in mm	Sonnenstunden pro Tag
Januar	0	57	1.3
Februar	0	38	2.4
März	2.1	46	3.7
April	5.7	41	6
Mai	10.8	48	8
Juni	14.3	55	7.8
Juli	15.6	66	7.6
August	15.7	67	7.1
September	12.7	73	4.8
Oktober	9.1	76	3.3
November	4.7	79	1.9
Dezember	1.6	66	1.2

(Quelle: Danmarks Statistik, 1995)

Wetter

Wie wird das Wetter heute/morgen?	Hvordan bliver vejret i dag/i morgen? wordann bliir wäret i dä/i morn?
Es bleibt schön/schlecht/...	Det bliver ved med at være godt/dårligt/... de bliir we me a wäre gott/dorlitt/...
Es wird warm/kalt/...	Det bliver varmt/koldt/... de bliir warmt/kollt/...
Es wird wärmer/kälter/...	Det bliver varmere/koldere/... de bliir warmere/kollere/...
Es wird regnen/schneien/...	Det bliver regnvejr/snevejr/... de bliir rainwär/snewär/...
Aus welcher Richtung kommt der Wind?	Fra hvilken retning kommer vinden? fra wilken rättning kommer winnen?
Der Wind kommt aus Norden/Osten/Süden/Westen.	Vinden kommer fra nord/øst/syd/vest. winnen kommer fra noor/öst/süò/west.
Es sieht nach Sturm/... aus.	Det ser ud til storm/... de seer uò til storm/...
Wieviel Grad haben wir?	Hvor mange grader har vi? wor mange gra'er har wi?
Wir haben 18 Grad unter/über Null.	Vi har 18 graders frost/varme. wi har ädden gra'ers frost/warme.

Wortliste Wetter

bedeckt overskyet ouersküet
bewölkt overskyet ouersküet
Blitz lyn lüün
diesig diset diiset
Donner torden tordn
Eis is iis
Eisglätte isglat iisglatt
feucht fugtigt fugtit
frieren fryse früse
Frost frost
Gewitter tordenvejr tordnwär
Glatteis glatis glattiis
Grad grader gra'er
Hagel hagl haul
hageln hagle haule
heiß varm warm
Hitze hede he'e
kalt koldt kollt
Kälte kulde kulle
klar klar
Klima klima
kühl køligt köölit
Luft luft
Luftdruck lufttryk lufttrükk
Luftfeuchtigkeit luftfugtighed luftfugtihe
Mond måne mone
naß våd wo
Nebel tåge tooue
Regen regn rain
regnen regne raine
Schnee sne snee
schneien sne snee
schwül lummert
Sonne sol sool
Sonnenschein solskin soolskinn
Stern stjerne stjärne
Sturm storm
Sturmwarnung stormvarsel stormwarsel
Tauwetter tøvejr tö wär
Temperatur temperatur
trocken tør tör
warm varm warm
Wärme varme warme
Wetter vejr wär
Wetterbericht vejrmelding wär melling
Wettervorhersage Vejrprognose wär pronose
Wind vind winn
windig blæsende blääsene
Wolke sky sgü

Mols-Linien

Aufenthalt im Ausland

Was machen Sie hier?	Hvad laver De her? wa läwer di her?
Ich verbringe hier meinen Urlaub.	Jeg holder ferie her. jai holler ferie her.
Ich bin auf Geschäftsreise.	Jeg er på forretningsrejse. jai är po forretningsraise.
Wie gefällt es Ihnen hier?	Hvad synes De om at være her? waø sünes di om a wäre her?
Es gefällt mir hier sehr gut.	Jeg synes rigtig godt om at være her. jai sünes rigti gott om a wäre her.
Sind Sie alleine hier?	Er De her alene? är di her alleene?
Ja, ich bin hier allein.	Ja, jeg er her alene. jä, jai är her alleene.
Nein, ich bin mit meiner/-m Frau/Mann hier.	Nej, jeg er her med min kone/mand. nai, jai är her me min koone/mann.
Seit wann sind Sie hier?	Hvor længe har De været her? wor länge har di wäred her?
Ich bin seit 2 Tagen/Wochen hier.	Jeg har været her i 2 dage/uger. jai har wäred her i to däe/uuer.
Wie lange sind Sie noch hier?	Hvor længe bliver De her? wor länge bliir di her?
Ich bleibe noch bis zum ...	Jeg bliver indtil ... jai bliir inntill ...

Wortliste Aufenthalt im Ausland

Adresse adresse
Aufenthalt ophold oppholl
Ausflug udflugt uflugt, tur tuur
ausfüllen udfylde ufülle
Ausländer udlænding ulänning
Ausweis pas pass
besuchen besøge besöje
Ferien ferie
Formular formular
Fremdenführer turistguide turistgaid
Fremdenverkehrsbüro turistbureau turistbüro
Geschäftsreise forretningsrejse forretningsraise
Information information informasjoon
Öffnungszeiten åbningstider obningsti'er
Reise rejse raise
reisen rejse raise
Reiseführer rejsefører raiseförer
Sehenswürdigkeiten seværdigheder sewärdihe'er
Tourist turist
Unterlagen papirer papiirer
unterschreiben underskrive unnerskriwe
Unterschrift underskrift unnerskrift
Urlaub ferie
Urlaubsort feriested ferieste
verbringen tilbringe tillbringe
zuständig have med at gøre hä me a göre

Mit dem Auto

i Dänemark verfügt über ein sehr gut ausgebautes Straßennetz. Die dänischen Verkehrsregeln stimmen weitgehend mit den deutschen überein. Höchstgeschwindigkeiten: Autobahn 110 km/h, Haupt- und Landstraße 80 km/h, innerhalb von Ortschaften 50 km/h. PKW mit Anhänger dürfen max. 70 km/h fahren. Verstöße werden vor Ort mit hohen Bußgeldern geahndet. Autos und Motorräder müssen rund um die Uhr das Abblendlicht einschalten. Die Mehrzahl der Verkehrsschilder entspricht dem internationalen Standard. Weiße Dreiecke auf der Fahrbahn (Haifischzähne) bedeuten „Vorfahrt beachten!" Die Promillegrenze liegt bei 0,8. Es werden keine Autobahngebühren erhoben. Sicherheitsgurte müssen sowohl vorne als auch hinten angelegt werden.

Fragen nach dem Weg

Welcher ist der beste/kürzeste Weg nach Aalborg/...?	Hvilken vej er den bedste/korteste til Aalborg/...? wilken wai är den beste/korteste till ollbor/...?
Zeigen Sie mir bitte den Weg/die Straße auf der Karte.	Vær venlig at vise mig vejen/gaden på kortet. wär wenli a wiise mai waien/gä'en po kortet.
Wie komme ich nach/zum/zur...?	Hvordan kommer jeg til ...? wordann kommer jai till/...?
In welche Richtung muß ich fahren?	I hvilken retning skal jeg køre? i wilken rettning skall jai köre?
Wieviel Kilometer sind es bis Skagen/...?	Hvor mange kilometer er der til Skagen/...? wor mange kilometer är där till skäen/...?
Ist das die Straße nach Ringkøbing/...?	Er det vejen til Ringkøbing/...? är de waien till ringköbing/...?

Richtungen und Ortsangaben

links
venstre
wenstre
rechts
højre
heure
nach links
til venstre
till wenstre
nach rechts
til højre
till heure
geradeaus
lige ud
liie uu
Norden
nord
noor
Süden
syd
sü
Osten
øst öst

Westen
vest
west
vor
foran
for an
hinter
bagved
bä we
über
over
ouer
unter
under
unner
neben
ved siden af
we sien ä
gegenüber
overfor
ouerfor
mitten in
midt i mitt i

am Ende
for enden
for ennen
zwischen
mellem
weit
langt
nah
nærved
när we
hinter der Ampel
efter lyskurven
äfter lüüskurwen
an der nächsten Kreuzung
ved det næste kryds
we de näsde krüss
die erste Straße rechts
den første vej til højre
den förste wai till heure
die zweite Straße links
den anden vej til venstre
den annen wai till wenstre

i In Dänemark finden Sie die internationalen Verkehrsschilder. Ortschaften sind an weißen Schildern mit schwarzer Stadtsilhouette erkennbar. Auf Sehenswürdigkeiten weist das Symbol „z" in. Das Schild „Margeritenblüte" auf braunem Untergrund weist auf die Margeriten-Route hin. Diese 3500 km lange Route verläuft quer durch Dänemark und verbindet viele Sehenswürdigkeiten miteinander. Zu dieser Route gibt es ein Buch mit zahlreichen Informationen (zu erwerben beim Dänischen Fremdenverkehrsamt, Abt. A123, Postfach 540505, 22505 Hamburg).

BANEGÅRD, STATION bänegor, stasjoon Bahnhof	**BANEOVERSKÆRING** bäneouerskäring Bahnübergang	**CENTRUM** sentrum Stadtzentrum
DAMER dämer Damen	**OMKØRSEL** omkörsel Umleitung	**PERRON** perrong Bahnsteig
DRIKKEVAND driggewann Trinkwasser	**OPLYSNING** oplüüsning Auskunft	**PARKERINGSHUS** parkeeringshuus Parkhaus
FARE Gefahr	**FRI** frii Frei	**KASSE** Kasse
GIV AGT giu agt Achtung	**KOLDT** kollt Kalt	**GRÆNSE** gränse Grenze
SYGEHUS süüehuus Krankenhaus	**INDGANG** inngang Eingang	**NØDUDGANG** nö'ugang Notausgang
LUKKET Geschlossen	**HERRER** Herren	**INDKØRSEL** innkörsel Einfahrt

PARKERINGSPLADS parkeeringsplass Parkplatz	**ENSRETTET** eensrettet Einbahnstraße	**HAVN** haun Hafen

TRYK trükk Drücken	**PRIVAT** priwät Privat	**TRÆK** träkk Ziehen	**OPTAGET** optäed Besetzt

RASTEPLADS rasteplass Rastplatz	**TIL LEJE** till laie Zu vermieten	**VEJSKADER** waiskä'er Straßenschäden
ÅBEN oben Geöffnet	**PRIVAT STRAND** priwät strann Privatstrand	**VÆRELSE** wärelse Zimmer

UDKØRSEL ukörsel Ausfahrt	**ULYKKE** ulügge Unfall	**VARMT** warmt Heiß	**TURISTBUREAU** turistbüro Fremdenverkehrsbüro

STOPPESTED stoppest'e Haltestelle	**STOPPEFORBUD** stoppeforbu Halteverbot	**SPÆRRET OMRÅDE** spärret omro'e Sperrgebiet
VEJARBEJDE waiarbaide Straßenbauarbeiten	**KVINDER** kwinner Frauen	**MAKSIMAL HASTIGHED** maximäl hastihe Höchstgeschwindigkeit
MILITÆRT OMRÅDE militärt omro'e Militärgebiet	**MÆND** männ Männer	**LIVSFARE** liusfare Lebensgefahr

GENNEMKØRSEL FORBUDT gennemkörsel forbutt Durchfahrt verboten	**PARKERING FORBUDT** parkeering forbutt Parken verboten

RESTAURANT Restaurant	**STOP** Halt	**POST** Post	**TELEFON** Telefon	**POLITI** Polizei

Tankstelle

i

Die dänischen Benzinpreise entsprechen den deutschen. Die meisten Tankstellen sind für Selbstbedienung eingerichtet. Außerdem finden Sie Tankstellen mit Geldscheinautomaten (niedrigere Benzinpreise), die rund um die Uhr zu benutzen sind. Es gibt die Benzinsorten: bleifrei (blyfri benzin) 92, 95 und 98 oktan, verbleit (benzin) 98 oktan, Diesel und Gas.

Wo ist die nächste Tankstelle/Kundendienststelle?
Hvor er den nærmeste benzintank/servicestation?
woor är den närmeste bensiintank/sörwis stasjoon?

Volltanken bitte.
Vær venlig at tanke op.
wär venli a tanke op.

Für ... Kronen bitte.
For ... kroner. for ... Kronen.

Ich möchte ... Liter Diesel/bleifreies Benzin/verbleites Benzin/...
Jeg vil gerne have ... liter diesel/blyfri benzin/benzin/... jai will gerne hä ... lidder diesel/blüfrii bensiin/bensiin/...

Machen Sie bitte einen Ölwechsel.
Vær venlig at skifte olie.
wär wenli a skifte olje.

Ich brauche Kühlwasser/...
Jeg skal have kølervæske/...
jai skall hä kölerwäske/...

Prüfen Sie bitte den Ölstand/...
Vær venlig at kontrollere oliestanden/...
wär wenli a kontrolleere oljestannen/...

Bitte waschen Sie den Wagen.
Vær venlig at vaske bilen.
wär wenli a waske biilen.

Wo sind die Toiletten?
Hvor er toiletterne?
woor er toaletterne?

Reifenservice

Ich möchte Reifen für dieses Auto/... kaufen.
Jeg vil gerne købe dæk til den her bil/...
jai will gerne köbe däk till den här biil/...

Was kostet dieser Reifen mit Montage?
Hvad koster det her dæk med montering?
wa koster det här däk me monteering?

Prüfen Sie bitte den Reifen.
Vær venlig at kontrollere trykket i dækkene.
wär wenli a kontrolleere trükket i däkkene.

Panne

i Bei einer Panne ist der dänische Rettungsdienst „Falck" zu benachrichtigen (Falck ist für alle Arten von Rettungsdiensten zuständig).

Ich habe eine Motorpanne/Reifenpanne.	Jeg har en motorskade/dækskade. jai har en motorskä'e/däkskä'e.
Können Sie mich zur nächsten Werkstatt bringen/abschleppen?	Kan De bringe/slæbe mig til det nærmeste værksted? ka di bringe/släbe mai til de närmeste värkste?
Schicken Sie mir bitte einen Abschleppwagen/Mechaniker.	Vær venlig at sende mig FALCK/en mekaniker. Wär wenli a senne mai falk/en mekäniger.
Ich habe einen roten BMW/...	Jeg har en rød BMW/... jai har en rö BMW/...
Das Kennzeichen meines Autos ist ...	Mit bilnummer er ... mit biilnummer är/...
Mein Auto steht in ...	Min bil står i ... min biil stor i/...

Verkehrsunfall

i Es wird grundsätzlich empfohlen, bei einem Verkehrsunfall die Polizei hinzuzuziehen.

Es ist ein Unfall passiert.	Der er sket en ulykke. der är skeet en ulügge.
Ich brauche Verbandszeug/...	Jeg skal bruge forbindsstof/... jai skal brue forbinstoff/...
Rufen Sie bitte einen Krankenwagen/die Feuerwehr/die Polizei/...	Tilkald en ambulance/brandvæsenet/politiet/... tillkall en ambulangse/brannwäsenet/politiet/...
Wir müssen das der Polizei melden.	Vi må melde det til politiet. wi mo melle de til politiet.
Es war Ihre Schuld.	Det var Deres skyld. de war därs sküll.
Es war meine Schuld.	Det var min skyld. de war miin sküll.
Bitte geben Sie mir Ihren Namen und Ihre Anschrift.	Vær venlig at give mig Deres navn og adresse. wär wenli a gi mai därs naun o adresse.
Bitte geben Sie mir Namen und Anschrift Ihrer Versicherung.	Vær venlig at give mig navn og adresse på Deres forsikring. wär wenli a gi mai naun o adresse po därs forsikring.
Wie hoch schätzen Sie den Schaden?	Hvad vurderer De skaden til? wa wurdeerer di skä'en till?
Ich möchte den Schaden selbst regulieren.	Jeg vil selv betale skaden. jai wil sell betäle skä'en.
Sollen wir die Polizei holen oder es unter uns regeln?	Skal vi hente politiet eller ordne det mellem os? skal wi hente politiiet eller orne de mellem oss?

Mein Auto ist bei der Versicherungsgesellschaft ... vollkasko-/teilkaskoversichert.	Min bil er fuldt/delvis kaskoforsikret hos forsikringsselskabet ... min biil är fullt/deelwiis kaskoforsikret hos forsikringsselskäbet ...
Ich möchte den Schaden durch meine Versicherung regulieren lassen.	Jeg vil gerne regulere skaden over min forsikring. jai will gerne reguleere skä'en ouer min forsikring.

Reparaturwerkstatt

Wo ist die nächste Reparaturwerkstatt?	Hvor er det nærmeste bilværksted? woor är de närmeste biilwärkste?
Wo ist eine Werkstatt für VW/...?	Hvor er der et folkevognsværksted/...? woor är der et folkewounswärkste/...?
Prüfen Sie bitte die Bremsen/...	Vær venlig at kontrollere bremserne/... wär wenli a kontrolleere bremserne/...
Der Motor klopft/läuft heiß/ setzt aus/...	Motoren banker/løber varm/sætter ud/... motoren banker/löber warm/sädder u/...
Wechseln Sie bitte die Kerzen/... aus.	Vær venlig at skifte tændrør/... wär wenli a skifte tännrör/...
Haben Sie Original-Ersatzteile für ...?	Har De originale reservedele til ...? har di originäle reserwedeele till ...?
Wieviel wird die Reparatur ungefähr kosten?	Hvor meget vil reparationen omtrent koste? wor maiet will reparasjonen omtrent koste?
Wie lange wird die Reparatur dauern?	Hvor længe varer reparationen? wor länge warer reparasjonen?

Vermietung (Auto, Motorrad, Fahrrad)

i In den Ferienorten und in Großstädten sind Mietwagen bei nationalen und internationalen Autoverleihfirmen erhältlich. Die Preise liegen über dem deutschen Niveau. Sie können in nahezu allen Ferienorten Fahrräder mieten.

Wo ist die nächste Auto/...-vermietung?	Hvor er den nærmeste bil/...-udlejning? woor är den närmeste biil/...-ulaining?
Ich möchte ein Auto/Motorrad/ Moped/Fahrrad für einen Tag/ ... -e mieten.	Jeg vil gerne leje en bil/motorcykel/cykel en dag/i ... dage. jai will gerne laie en biil/ motorsükel/knallert/sükel een dä/i ... däe.
Welche Autotypen haben Sie zu vermieten?	Hvilke biltyper har De til udlejning? wilke biiltüper har di till u laining?
Darf ich Ihren Führerschein sehen?	Må jeg se Deres kørekort? mo jai see därs körekort?
Ich miete den Renault/...	Jeg tager Renault'en/... jai tar renoen/...

Kann ich das Fahrzeug sofort/ morgen/... bekommen? Kan jeg få bilen straks/i morgen/...? kan jai fo biilen straks/i morn/...?

Wie hoch ist die Tagespauschale? Hvad koster det pr. dag? wa koster de per dä?

Was kostet der gefahrene Kilometer? Hvad koster det pr. kilometer? wa koster de per kilometer?

Kann ich das Fahrzeug in Ihrer Zweigstelle in Kopenhagen/... abgeben? Kan jeg aflevere bilen/... i Deres filial i København/...? ka jai auleweere biilen/... i därs filiäl i köbenhaun/...?

Ist das Fahrzeug vollkaskoversichert/...? Er bilen/... fuldt kaskoforsikret? är biilen/... fullt kaskoforsikret?

Ich möchte den Mietvertrag verlängern. Jeg vil gerne forlænge lejekontrakten. jai wil gerne forlänge laiekontrakten.

Wortliste Auto

abbiegen dreje af draie ä
Abblendlicht nærlys närlüüs
abschleppen slæbe bort släbe bort
Abschleppdienst Falcktransport falktransport
Abschleppseil slæbetov släbetou
Anlasser starter
Antenne antenne
Auspuff udstødning u'stö'ning
Auto (automo)bil (automo)biil
Autobahn motorvej motorwai
Autonummer bilnummer biilnummer
Autopapiere bilpapirer biilpapiirer
Autoreifen bildæk biildäk
Autowäsche bilvask biilwask
Batterie batteri
Benzin benzin bensiin
bleifreies Benzin blyfri benzin blüfrii bensiin
Benzinkanister benzindunk bensiindunk
Blinker blinker
Bremse bremse
Bremsbelag bremsebelægning bremsebelägning
bremsen bremse
Bremsflüssigkeit bremsevæske bremsewäske
Bremslicht bremselygte bremselügte
defekt defekt defekt, itu ituu
Dichtung tætning tätning
Diesel diesel
Ersatzteil reservedel reserwedeel
fahren køre köre
Felge fælg fälj
Fernlicht fjernlys fjärnlüüs, langt lys langt lüüs
Frostschutzmittel frostvæske frostwäske
Führerschein kørekort körekort
Fußbremse fodbremse fo'bremse
Gang gear giir
Getriebe gearkasse giirkasse
Getriebeöl gearkasseolie giirkasseolje
Glühbirne pære päre
Heizung varmeanlæg warmeanläg
Hupe bilhorn biilhorn
Inspektion bilsyn biilsüün
Kabel kabel käbel
Katalysator katalysator katalüsätor
Keilriemen kilerem kiileremm
Kennzeichen bilnummer biilnummer
Kfz-Schein bilpapirer biilpapiirer
Kilometer kilometer

Kindersitz
barnesæde barnesä'e
Klimaanlage
klimaanlæg klimaanläg
Kofferraum
bagagerum
bägäsjerumm
Kotflügel
skærm skärm
Krankenwagen
ambulance
ambulangse
Kühler
køler köler
Kühlwasser
kølevand kölewann
Kundendienststelle
servicestation
sörwisstasjoon
Kupplung
kobling kobbling
Lenkrad rat
Lichtmaschine
generator
Luftfilter luftfilter
Luftpumpe
luftpumpe
Mechaniker
mekaniker mekäniger
Motor motor
Motoröl
motorolie motorolje
Motorrad
motorcykel motorsükel
Motorschaden
motorskade motorskä'e
Nummernschild
nummerplade
nummerplä'e
Öl olie olje
Ölstand
oliestand oljestänn
Ölwechsel
olieskift oljeskift
Panne uheld uhell
Polizei politi politii
Rad hjul juul
Rastplatz
rasteplads rasteplass
regulieren
regulere reguleere
Reifen dæk däk
Reifendruck
dæktryk däktrük
Reifenservice
dækservice däksörwis
Reparatur
reparation reparasjoon
Reparaturwerkstatt
reparationsværksted
reparasjoonswärkste
reparieren
reparere
repareere
Reservekanister
reservedunk reserwedunk
Reserverad
reservehjul reserwejuul
Rücklicht baglys baulüüs
Schaden skade skä'e
Scheibenwischwasser
sprinklervæske
sprinklerwäske
Scheibenwischer
vinduesvisker
winduswisker
Scheinwerfer
lygte lügte
Schlauch
slange
Schneekette
snekæde snekä'e
Sicherheitsgurt
sikkerhedssele
sikkerhe`sseele
Sicherung sikring
Spiegel spejl spail
Standlicht
parkeringslys
parkeeringslüüs
Stoßdämpfer
støddæmper
stö'dämper
Stoßstange kofanger
Straße
gade gä'e,
vej wai
Tachometer
speedometer spiidometer
tanken tanke
Tankstelle
benzintank bensiintank
Teilkasko
delvis kasko deelwiis kasko
Thermostat
termostat termostäät
Überbrückungskabel
strømoverføringskabel
strömouerföringskäbel
Unfall ulykke ulügge
Unfallprotokoll
politirapport politiirapport
Verbandszeug
forbindsstof forbinnstoff
Vergaser karburator
Verkehr trafik
Verletzte/-r
tilskadekomne
tilskä'ekomne
Versicherung forsikring
Versicherungskarte
forsikringskort
Versicherungspapiere
forsikringspapirer
forsikringspapiirer
Vollkasko
fuld kasko full kasko
Wagenheber
donkraft donnkraft
Warndreieck
advarselstrekant
a'warselstrekant
Werkstatt
værksted wärkste
Windschutzscheibe
vindspejl winn spail
Winterreifen
vinterdæk winterdäk
Zündkerzen
tændrør tännrör
Zündung tænding tänning

Garage und Parkplatz

Wo ist die/der nächste Garage/ Parkplatz?	Hvor er den nærmeste garage/parkeringsplads? woor är den närmeste garasje/parkeeringsplass?
Kann ich hier parken/das Auto unterstellen?	Kan jeg parkere/stille bilen her? ka jai parkeere/stille biilen her?
Haben Sie eine/-n Garage/Parkplatz frei?	Har De en fri garage/parkeringsplads? har di en frii garasje/parkeeringsplass?
Was kostet es für eine/-n Tag/Stunde/ Nacht/Woche/...?	Hvad koster det for en dag/time/nat/uge/...? wa koster de for en dä/tiime/natt/uue/...?
Ist die Garage/der Parkplatz bewacht?	Er garagen/parkeringspladsen bevogtet? är garasjen/parkeeringsplassen bewogtet?

Wortliste Garage/Parkplatz

Ausfahrt
udkørsel
ukörsel
besetzt
optaget
optäed
bewacht
bevogtet
bewogtet
Einfahrt
indkørsel
innkörsel
frei fri frii
Garage
garage
garasje

Halten verboten
stopforbud
stopforbu
parken
parkering
parkeering
Parkgebühr
parkeringsgebyr
parkeeringsgebür
Parkhaus
parkeringshus
parkeeringshuus
Parkplatz
parkeringsplads
parkeeringsplass

Parkschein
parkeringsseddel
parkeeringsse'el
Parkuhr
parkeringsur
parkeeringsuur
Parkwächter
parkeringsvagt
parkeeringswagt
Parken verboten
Parkering forbudt
parkeering forbutt
unterstellen
stille

Mit der Bahn

i Von Deutschland aus erreicht man Dänemark über Flensburg oder die Vogelfluglinie (Puttgarden/Rødby). Die großen Städte in Dänemark sind durch stündlich verkehrende Intercity- und Nahverkehrszüge miteinander verbunden. Wenn Bahnverbindungen fehlen, verkehren Überlandbusse. Für die Benutzung von Intercity-Zügen sind Platzreservierungen erforderlich.

Wann fährt der nächste Zug nach Århus/...?	Hvornår kører det næste tog til Århus/...? wornoor körer de näsde toou til orhus/...?
Wann habe ich Anschluß nach Viborg/...?	Hvornår har jeg forbindelse til Viborg/...? wornoor har jai forbinnelse til wibor/...?
Hat der Zug aus Odense/... Verspätung?	Har toget fra Odense/... forsinkelse? har toouet fra o'ense/... forsinkelse?
Von welchem Bahnsteig/Gleis fährt der Zug nach Esbjerg/...?	Fra hvilken perron/hvilket spor kører toget til Esbjerg/...? fra wilken perrong/wilket spoor körer toouet til essbjär/...?
Wieviel kostet eine Fahrkarte nach Korsør/... 2. Klasse/1. Klasse?	Hvor meget koster en billet til Korsør/... på 2. klasse/1. klasse? wor maiet koster en bilett til korsöör/... po annen klasse/förste klasse?
Gibt es eine Ermäßigung für Kinder/Studenten/...?	Er der rabat for børn/studerende/...? är der rabatt for börn/studeerene/...?
Bitte einmal 2. Klasse/1. Klasse einfache Fahrt nach Nykøbing/...	Jeg vil gerne have en enkeltbillet på 2. klasse/1. klasse til Nykøbing/... jai wil gerne hä en enkeltbilett po annen klasse/förste klasse til nüköbing/...
Bitte einmal ... Klasse hin und zurück nach Helsingør/...	Jeg vil gerne have en returbillet på ... klasse til Helsingør/... jai will gerne hä en returbilett po ... klasse till helsingöör/...
Ich möchte ein/-en Raucherabteil/Nichtraucherabteil/Fensterplatz.	Jeg vil gerne have en kupé for rygere/kupé for ikkerygere/vinduesplads. jai will gerne hä en kupee for rüere/kupee for igge rüere/windusplass.
Ich möchte eine Platzreservierung für den Zug um 20.00/... Uhr nach Frederikshavn/...	Jeg vil gerne reservere plads til toget klokken 20.00/... til Frederikshavn/... jai will gerne reserweere plass til toouet kloggen tüwe/... till fre'erikshaun/...
Wie lange ist diese Fahrkarte gültig?	Hvor længe er denne billet gyldig? wor länge är denne bilett güldi?

Verzeihung, ist dieser Platz noch frei? Undskyld, er denne plads fri? unnsküll, är denne plass frii?
Das ist mein Platz. Det er min plads. de är miin plass.
Darf ich das Fenster öffnen/schließen? Må jeg åbne/lukke vinduet? mo jai obne/lukke winnduet?
Wo ist der Speisewagen? Hvor er spisevognen? woor är spiisewounen?

VENTESAL wentesääl Wartesaal	**REJSEGODSOPBEVARING** raisegossopbewaring Gepäckaufbewahrung

NØUDGANG nö'u'gang Notausgang	**AFGANG** augang Abfahrt	**FOR MOR OG BARN** for moor o barn Für Mutter und Kind
LIGGEVOGN liggewoun Liegewagen	**NØDBREMSE** nö'bremse Notbremse	**OPLYSNING** opplüüsning Auskunft
SPISEVOGN spiisewoun Speisewagen	**PERRON** perrong Bahnsteig	**SOVEVOGN** souewoun Schlafwagen
OPTAGET opptäed Besetzt	**KØREPLAN** köreplän Fahrplan	**FRI** frii Frei
RYGERE rüüere Raucher	**IKKERYGERE** iggerüüere Nichtraucher	**ANKOMST** ankomst Ankunft

Wortliste Zug

Abfahrt
afgang augang
Abfahrtszeit
afgangstid
augangsti
Abteil
kupé kupee
ankommen
ankomme
ankomme
Ankunft
ankomst
ankomst
Anschluß
forbindelse
forbinnelse
Aufenthalt
ophold oppholl
Ausgang
udgang
u'gang
aussteigen
stige ud
stiie u
Bahnhof
banegård
bänegor,
station
stasjoon
Bahnsteig
perron
perrong
besetzt
optaget
optäed
Eingang
indgang
inngang

einsteigen
stige ind
stiie inn
Fahrkarte
billet bilett
Fahrplan
køreplan
köreplän
Fahrpreis
billetpris
bilettpriis
frei fri frii
Gepäck
bagage
bägäsje
Gepäckaufbewahrung
rejsegodsopbevaring
raisegossopbewaring
Gepäckschein
garantiseddel
garantise'el
Gepäckträger
drager
draauer
Gleis
spor spoor
Kinderfahrkarte
børnebillet
börnebilett
Liegewagen
liggevogn
liggewoun
Nichtraucherabteil
kupé for ikkerygere
kupee for iggerüere
Notausgang
nødudgang
nö'u'gang

Platzkarte
pladsbillet
plassbilett
Raucherabteil
kupé for rygere
kupee for rüüere
Reservierung
reservering
reserweering
Schalter
billetsalg
bilettsall
Schlafwagen
sovevogn
souewoun
Schlafwagenkarte
sovevognsbillet
souewounsbilett
Speisewagen
spisevogn
spiisewoun
umsteigen
stige om
tiie om,
skifte skifde
Verspätung
forsinkelse
Wagen
vogn woun
Wartesaal
ventesal
wentesääl
Zug
tog toou
Zuschlag
tillæg tilläj

i

Der internationale Flughafen Dänemarks ist Kastrup (Kopenhagen). Von dort sind die Landesteile über elf weitere Flughäfen zu erreichen: Århus, Aalborg, Billund, Esbjerg, Karup, Sønderborg, Skive, Thisted, Vojens, Odense und Rønne (Bornholm). Charterflüge werden hauptsächlich über Billund abgewickelt.

Wann fliegt die nächste Maschine nach Frankfurt/...?
Hvornår flyver den næste maskine til Frankfurt/...?
wornoor flüwer den näsde maskiine till frankfurt/...?

Gibt es heute/morgen/am Samstag/... einen Flug nach Düsseldorf/...?
Er der et fly i dag/i morgen/på lørdag/... til Düsseldorf/...?
är der et flü i dä/i morn/po lördä/... till düsseldorf/...?

Ist es ein Direktflug?
Er det en direkte rute?
är de en direkte rute?

Was kostet ein Flug nach Düsseldorf/...?
Hvad koster en flybillet til Düsseldorf/...?
wa koster en flübilett till düsseldorf/...?

Wieviel kosten ein Hin- und Rückflug nach Rønne/...?
Hvor meget koster en flybillet tur-retur til Rønne/...?
wor maiet koster en flübilett tur retur till rönne/...?

Gibt es einen Sondertarif für Kinder/Studenten/...?
Er der særpris for børn/studerende/...?
är der särpriis for börn/studeerene/...?

Ich möchte einen einfachen Flug/ Hin- und Rückflug nach Kopenhagen/... buchen.
Jeg vil gerne have en flybillet enkelt/retur til København/...
jai will gerne hä en flübilett enkelt/retur till köbenhaun/...

Gibt es eine Busverbindung zum Flughafen?
Er der en busforbindelse til lufthavnen?
är der en busforbinnelse till lufthaunen?

Wo fährt der Flughafenbus ab?
Hvorfra afgår lufthavnsbussen?
woorfra augor lufthaunsbussen?

Ich möchte diesen Flug stornieren/umbuchen.
Jeg vil gerne afbestille/ombestille denne tur.
jai will gerne aubestille/ombestille denne tuur.

Am Flughafen

Wo ist die Abfertigung für den Flug nach Billund/...?
Hvor er flyekspeditionen til Billund/...?
woor är flü ekspedisjoonen till billunn/...?

Ich möchte einen Platz am Gang/Fenster/...
Jeg vil gerne have en plads ved gangen/vinduet/...
jai will gerne hä en plass we gangen/winnduet/...

Fliegt die Maschine pünktlich ab?
Afgår maskinen præcist?
augor maskiinen präsiist?

Wo fährt ein Bus in die Stadt/...?
Hvor kører der en bus ind til byen/...?
woor körer der en buss inn till büen/...?

Wo ist der Taxistand/die Autovermietung?
Hvor er der en taxaholdeplads/biludlejning?
woor är der en taxaholleplass/biilu'lejning?

Taxi! Bringen Sie mich/uns bitte nach Esbjerg/... zum Hotel ... /in die Stadt/...!
Taxa! Jeg/vi vil gerne køres til Esbjerg/ til hotel .../ind til byen/...!
taxa! jai/wi will gerne köres till essbjär/ till hotell.../inn till büen/...!

SPÆND SIKKERHEDSBÆLTET! spänn siggerhesbäldet Bitte anschnallen!	**RØGFRIT OMRÅDE** reufrit omro'e Raucherfreie Zone
UDENRIGS u'enriis Ausland	**TOLD** toll Zoll
DUTY-FREE-SHOP djutifrii sjopp Duty-free-Shop	**GATE** geit Flugsteig
INDENRIGS innenriis Inland	**RYGNING FORBUDT** rüjning forbutt Rauchen verboten
AFGANG augang Abflug	**ANKOMST** ankommst Ankunft
HITTEGODSKONTOR hittegosskontor Fundbüro	

Wortliste Flugzeug/Flughafen

Abfertigung
ekspedition
ekspedisjoon
abfliegen
afgå augo
Abflug
afgang augang,
start
an Bord
ombord omboor
Ankunft
landing lanning,
ankomst
Ausgang
udgang ugang
Auskunft
oplysning opplüsning
Autovermietung
biludlejning
biilulaining
Bordkarte
boardingpas
bordingpass
buchen
reservere
reserweere,
bestille
Buchung
booking buking,
bestilling,
Busverbindung
busforbindelse
busforbinnelse
Direktflug
direkte forbindelse
direkte forbinnelse
einchecken
check-in
Eingang
indgang inngang
Fenstersitz
vinduesplads winndusplass

fliegen
flyve flüwe
Flug
flyvning flüwning,
flyvetur flüwetuur
Fluggast
passenger passasjeer
Fluggesellschaft
flyselskab flüsellskäb
Flughafen
lufthavn lufthaun,
flyveplads flüweplass
Flughafenbus
lufthavnsbus
lufthaunsbuss
Flugnummer
flynummer flünummer
Flugplan
flyveplan flüweplän
Flugschein
flybillet flübilett
Flugzeit
flyvetid flüweti
Flugzeug fly flü,
flyvemaskine
flüwemaskiine
Gepäck
bagage bägäsje,
rejsegods raisegoss
Gepäckabfertigung
rejsegodsekspedition
raisegossekspedisjon
Gepäckschein
garantiseddel
garantise'el
Handgepäck
håndbagage honnbägäsje
Hinflug
henrejse hennraise
landen lande lanne
Landung
landing lanning

Nichtraucher
ikkerygere iggerüere
Notausgang
nødudgang nö'ugang
Notlandung
nødlanding nö'lanning
Notrutsche
nødsliske nö'slisge
Passagier
passager passasjeer
pünktlich
præcis präsiis
Raucher rygere rüere
Rückflug
hjemrejse jemmraise
Schwimmweste
redningsvest
re'ningswest
Sicherheitskontrolle
sikkerhedskontrol
siggerheskontroll
Sondertarif
særpris särpriis
starten starte
stornieren
afbestille aubestille
Taxistand
taxaholdeplads
taxaholleplass
Übergepäck
overvægt ouerwägt
umbuchen ombestille
Verspätung
forsinkelse forsingelse
Warteliste
venteliste wenteliste
Warteraum
ventesal wentesääl
Zwischenlandung
mellemlanding
mellemlanning

Mit dem Schiff

i

In Dänemark mit seinen vielen Inseln sind Schiffs- und Fährverbindungen ein wichtiger Bestandteil des Verkehrsnetzes. Von Deutschland aus sind die dänischen Inseln am schnellsten über die Vogelfluglinie (Puttgarden/Rødby) sowie Rostock/Gedser zu erreichen. Zahlreiche innerdänische Verbindungen sowie Fähren nach Schweden und Norwegen ermöglichen die Weiterreise. In der Hochsaison werden für alle Fahrten mit Pkw Platzreservierungen empfohlen.

Wann fährt das/die nächste/letzte Schiff/Fähre nach Korsør/...?	**Hvornår afgår det/den næste/sidste/skib/færge til Korsør/...?** wornoor augor de/den näste/siste skiib/färje till korsöör/...?
Ich möchte eine Schiffsreise nach Färøer/... buchen.	Jeg vil gerne bestille en skibsrejse til Færøerne/... jai will gerne bestille en skibsraise till färöerne/...
Werden Landausflüge veranstaltet?	Bliver der arrangeret udflugter? bliir der arrangsjeeret u'flugder?
Bitte geben Sie mir/uns einen Prospekt von den Schiffen nach Rønne/...	Må jeg få en brochure om skibene til Rønne/... mo jai fo en bosjüre om skiibene till rönne/...
Von wo aus fahren die Schiffe/Fähren nach Kalundborg/...?	Hvorfra sejler skibene/færgerne til Kalundborg/...? woorfra sailer skiibene/färjerne till kalunnbor/...?
Wie lange dauert die Überfahrt nach Grenaa/...?	Hvor længe varer overfarten til Grenå/...? wor länge warer ouerfarden till greeno/...?
Ich möchte Schiffskarte/-n für ... Person/-en nach Nyborg/...	Jeg vil gerne have billet/ter til ... person/-er til Nyborg/... jai will gerne hä bilett/ter till ... person/er till nübor/...
Ich möchte eine Innenkabine/Zweibettkabine/...	Jeg vil gerne have en indekahyt/tosengskahyt/... jai will gerne hä en innekahütt/toosängskahütt/...
Können Sie mir/uns bitte eine andere Kabine geben?	Kan De give mig/os en anden kahyt? kan di gi mai/os en annen kähütt?
Was kostet die Karte?	Hvad koster billetten? wa koster biletten?
Wann muß ich an Bord sein?	Hvornår skal jeg være ombord? wornoor skall jai wäre omboor?

An Bord

Auf welchem Deck ist Kabine Nummer...? På hvilket dæk er kahyt nummer...? po wilket däkk är kahüt nummer...?

Wo ist der Speisesaal/Aufenthaltsraum/...? Hvor er spisesalonen/opholdsrummet/...? woor är spiisesalongen/ophollsrummet/...?

Ich fühle mich nicht wohl. Jeg føler mig utilpas. jai föler mai utilpass.

Haben Sie ein Mittel gegen Seekrankheit/...? Har De et middel mod søsyge/...? har di et mi'el mo sösüüe/...?

Wortliste Schiff

Anker anker
anlegen lægge til lägge till
Anlegestelle kaj
auslaufen løbe ud löbe u
Außenkabine yderkahyt ü'erkahüt
Autofähre bilfærge biilfärje
Boje bøje beue
Boot båd bo
Bord (an) bord (om) boor (om)
buchen reservere reserweere, bestille
Bucht bugt
Dampfer dampskib dampskiib
Deck dæk däkk
Doppelkabine doppeltkahyt dobbeltkahüt
Einzelkabine enkeltkahyt enkeltkahüt
Fähre færge färje
Fischerboot fiskerbåd fisgerbo
Fjord fjord fjoor
Hafen havn haun
Innenkabine indekahyt innekahüt
Insel ø öö
Jacht yacht jagt
Kabine kahyt kahüt
Kai kaj
Kapitän kaptajn
Kreuzfahrt krydstogt krüsstogt
Küste kyst küsst
Land land lann
Landausflug udflugt på land u'flugt po lann
Matrose matros
Meer hav hau
Motorboot motorbåd motorbo
Passagierschiff passagerskib passasjeerskiib
Rettungsboot redningsbåd re'ningsbo
Rettungsring redningsbælte reningsbälde
Ruderboot robåd robo
Schiff skib skiib
Schiffsarzt skibslæge skibsläje
Schiffsreise skibsrejse skibsraise
Schwimmweste redningsvest re'ningswest
See hav hau, sø söö
Seekrankheit søsyge sösüüe
Segelboot sejlbåd sailbo
Steward steward stjuard
Strand strand strann
Überfahrt overfart ouerfart
Ufer kyst küsst
Welle bølge bölje

Überlandbusse

Welche Buslinie geht nach Ebeltoft/...?	Hvilken rutebillinie kører til Ebeltoft/...? willken rutebiillinje körer till ebeltoft/...?
Wo fahren die Busse nach Ebeltoft/ ... ab ?	Hvorfra afgår rutebilerne til Ebeltoft/...? woorfra augor rutebiilerne till ebeltoft/...?
Wie komme ich zum Busbahnhof/...?	Hvordan kommer jeg til rutebilstationen/...? wordann kommer jai till rutebiilstasjoonen/...?
Wann kommt der Bus in Ebeltoft/ ... an?	Hvornår ankommer rutebilen i Ebeltoft/...? wornoor ankommer rutebiilen i ebeltoft/...?
Wieviel kostet die Fahrt nach Ebeltoft/...?	Hvor meget koster turen til Ebeltoft/...? wor maiet koster turen till ebeltoft/...?
Geben Sie mir bitte ... Fahrkarte/-n.	Jeg vil gerne have ... billet/-ter. jai will gerne hä ... bilett/-er.
Wie lange haben wir hier/in ... Aufenthalt?	Hvor længe har vi ophold her/i ...? wor länge har wi opholl här/i/...?

Gepäck

Ich möchte dieses Gepäck nach Frankfurt/... aufgeben.	Jeg vil gerne indskrive denne bagage til Frankfurt/... jai will gerne innskriiwe denne bägäsje till frankfurt/...
Was kostet das Übergepäck?	Hvad koster overvægten? wa koster ouerwägden?
Mein Gepäck ist nicht angekommen.	Min bagage er ikke ankommet. min bägäsje är igge ankommet.
Mein Koffer/... wurde beim Transport beschädigt.	Min kuffert/... blev beskadiget under transporten. min kofferd/... blee beskä'iet unner transporden.
Wo ist/sind hier die Gepäckaufbewahrung/Schließfächer?	Hvor er der rejsegodsopbevaring/bokse? wor är der raisegossopbewaring/bokse?
Ich möchte mein Gepäck hierlassen.	Jeg vil gerne efterlade min bagage her. jai will gerne efterlä'e min bägäsje här.
Ich möchte mein Gepäck abholen.	Jeg vil gerne afhente min bagage. jai will gerne auhende min bägäsje.
Wieviel kostet es pro Tasche/Koffer für eine/-n Stunde/Tag?	Hvor meget koster det pr. taske/kuffert i timen/om dagen? wor maiet koster de per taske/kofferd i tiimen/om däen?
Können Sie mir/uns bitte mit dem Gepäck helfen?	Vil De være så venlig at hjælpe mig/os med bagagen? will di wäre so wenli a jälpe mai/ oss me bägäsjen?
Bitte bringen Sie mein Gepäck zu einem Taxi.	Vær venlig at bringe min bagage til en taxa. wär wenli a bringe min bägäsje till en taxa.

Wortliste Gepäck

Abfertigung
ekspedition ekspedisjoon
abholen afhente auhende
ankommen ankomme
aufgeben
indlevere innleweere,
indskrive innskriiwe
Beschädigung
beskadigelse
beskä'ielse
Gepäck
bagage bägäsje
Gepäckannahme
indlevering af rejsegods
innleweering ä raisegoss
Gepäckaufbewahrung
opbevaring af rejsegods
opbewaring ä raisegoss
Gepäckausgabe
udlevering af rejsegods
u'leweering ä raisegoss
Gepäckschein
garantiseddel
garantise'el
Gepäckträger
drager drauer
Gepäckversicherung
rejsegodsforsikring
raisegossforsikring
Gepäckwagen
pakvogn pakwoun
Handgepäck
håndbagage
honnbägäsje
Koffer
kuffert kofferd
nachschicken
eftersende eftersenne
Reisetasche
rejsetaske raisetaske
Rucksack
rygsæk rügsäk
schwer tung
Schließfach boks
Tasche taske
transportieren
transportere transporteere
Übergewicht
overvægt ouerwägd
versichern lassen
lade forsikre lä forsikre
Versicherung forsikring
vorausschicken
sende forud senne for uu

Nahverkehrsmittel

Bus, S-Bahn

Welche/-r S-Bahn/Bus fährt nach/zum/zur ...?
Hvilken S-bane/bus kører til ...?
wilken s-bäne/bus körer till ...?

Wo ist bitte der/die nächste S-Bahnhof/Bushaltestelle/...?
Hvor er den/det nærmeste S-banestation/busstoppested/...? woor är den/de närmeste s-bänestasjoon/busstoppeste/...?

Ich möchte nach/zum/zur ... fahren.
Jeg vil gerne til ... jai will gärne till ...

Wo muß ich aussteigen/umsteigen?
Hvor skal jeg stige ud/om?
woor skal jai stiie u/om?

Würden Sie bitte die Haltestelle für mich/uns ausrufen?
Vil De sige til, når jeg/vi skal af?
will di siie till, nor jai/wi skall ä?

Wann fährt der erste/letzte Bus nach Tuborg/...?
Hvornår kører den første/sidste bus til Tuborg/...?
wornoor körer den förste/siste bus till tubor/...?

Was kostet die Fahrt zum Hafen/...?
Hvad koster turen til havnen/...?
wa koster turen till haunen/...?

Wie lange dauert die Fahrt nach/zum/zur ...?
Hvor længe varer turen til ...?
wor länge warer turen till ...?

Bitte geben Sie mir ... Fahrschein/-e.
Jeg vil gerne have ... billet/ter.
jai will gerne hä ... bilett/er.

Taxi

Wo ist der nächste Taxistand?	Hvor er den nærmeste taxaholdeplads? woor är den närmeste taxaholleplass?
Bitte schicken Sie ein Taxi nach/zum/zur ...	Vær venlig at sende en taxa til ... wär wenli a senne en taxa till ...
Rufen Sie mir bitte ein Taxi.	Vær venlig at tilkalde en taxa. wär wenli a tillkalle en taxa .
Ich möchte nach/zum Langelinie/ Bahnhof/...	Jeg vil gerne til Langelinie/banegården/... jai will gerne till langelinje/bänegoren/...
Was bekommen Sie?	Hvor meget bliver det? wor maiet bliir de?
Geben Sie mir bitte eine Quittung.	Vær venlig at give mig en kvittering. wär wenli a gi mai en kwiteering.
Danke, der Rest ist für Sie.	Tak, resten er til Dem. takk, resden är till demm.

Per Anhalter

Ich möchte nach Blokhus/... mitfahren.	Jeg vil gerne køre med til Blokhus/... jai will gerne köre mä till blokhuus/...
Würden Sie mich (ein Stück) mitnehmen?	Vil De tage mig med (et stykke)? will di tä mai mä (et stügge)?
Bitte lassen Sie mich hier/in ... aussteigen.	Vil De sætte mig af her/i ... will di sädde mai ä her/i ...
Kennen Sie jemanden, der mich heute/morgen nach Blokhus/... mitnehmen könnte?	Kender De nogen, der kan tage mig med til Blokhus/... i dag/i morgen? kenner di noen, der kan tä mai mä till blokhuus/... i dä/i morn?

abfahren
afgå augo,
køre köre
Abfahrt
afgang augang
Adresse adresse
ankommen
ankomme ankomme
Ankunft
ankomst ankomst
ausrufen
udråbe u'robe
aussteigen
stige ud stiie u
Bahnhof
banegård bänegor
Bus
bus buss,
rutebil rutebiil
Busbahnhof
rutebilstation
rutebiilstasjoon
Bushaltestelle
stoppested stobbeste
Busfahrt
bustur buss tuur
einsteigen
stige ind stiie inn
Entfernung
afstand austann
fahren køre köre
Fahrkarte
billet bilett
Fahrkartenschalter
billetsalg bilettsalj
Fahrpreis
billetpris bilettpriis
Fahrschein
billet bilett
Fahrt
tur tuur,
kørsel körsel
Flughafen
lufthavn
lufthaun
halten
holde holle
Haltestelle
holdeplads
holleplass
Hotel hotel
Kilometerpreis
kilometerpris
kilometerpriis
Linie
linje
Nahverkehrsmittel
nærtrafikmiddel
närtrafikmi'el
Quittung
kvittering
kwiteering
Richtung
retning
rettning
Stadt
by
büü
Stadtrundfahrt
byrundtur
bürunntuur
Taxi taxa
Taxifahrer
taxachauffør
taxasjoför
Taxistand
taxaholdeplads
taxaholleplass
Trinkgeld
drikkepenge
driggepänge
umsteigen
stige om
stiie om,
skifte skifde
Verspätung
forsinkelse
forsingelse
warten
vente wende
Wartesaal
ventesal
wendesääl

Reisen mit Kindern

Wir sind zu viert/...	Vi er fire/...
Gibt es eine/-n Ermäßigung/ Sondertarif für Kinder?	Er der rabat/særpris for børn?
Können Sie ein Kinderbett in das Zimmer stellen?	Kan De stille en barneseng ind i værelset?
Haben Sie ein/-en Kinderbett/ Kinderstuhl/...?	Har De en barneseng/barnestol/...?
Sind im Hotel noch mehr Kinder?	Er der andre børn på hotellet?
Gibt es hier Veranstaltungen/... für Kinder?	Er der nogen arrangementer/... for børn?
Gibt es hier einen Vergnügungs-park/Kinderspielplatz?	Er der en forlystelsespark/legeplads her?
Gibt es hier ein Planschbecken/...?	Er her et soppebassin/...?
Kennen Sie jemanden, der für uns babysitten kann?	Kender De nogen, vi kan få som babysitter?
Haben Sie auch ein Kindermenü/ Kinderportionen?	Har De også en børnemenu/børneportioner?
Können Sie diese Flasche für mich wärmen?	Kan De varme den her flaske for mig?
Gibt es hier einen Wickelraum/...?	Er her et puslerum/...?
Wo kann ich mein Baby füttern/...?	Hvor kan jeg made/... min baby?
Wo kann ich mein Baby stillen/...?	Hvor kan jeg give min baby bryst/...?

Wortliste Reisen mit Kindern

Baby
baby
Babysitter
babysitter

Junge dreng
Kind/-er
barn
barn
Kinderarzt
børnelæge

Kinderermäßigung
børnerabat
Kindernahrung
børnemad
Mädchen
pige
Schnuller sut
Schwimmflügel
svømmevinger

Schwimmring
badering

Sohn søn
Spielkameraden
legekammerater

Spielzeug
legetøj
Tochter
datter
Wickelraum
puslerum
Wickeltisch
puslebord

Unterkunft

i Sowohl für den Individualreisenden als auch für den Pauschalreisenden hält Dänemark ein umfangreiches Angebot an Unterkünften bereit: Hotels, Ferienhäuser, Ferienwohnungen, Ferienparks, „Kro“s (Landgasthöfe), Jugendherbergen und Campingplätze. Egal wofür man sich entscheidet, man findet stets einen hohen Standard vor.

Information

Können Sie mir/uns ein gutes/ruhiges/zentral gelegenes/... Hotel empfehlen?
Kan De anbefale mig/os et godt/roligt/centralt beliggende/... hotel? ka di anbefäle mai/oss et gott/roolitt/sentralt beliggenne/... hotell?

Kennen Sie einen idyllisch gelegenen Gasthof?
Kender De en idyllisk beliggende kro? kenner di en idüllisk beliggenne kroo?

Wo kann man ein Ferienhaus mieten?
Hvor kan man leje et feriehus? woor ka man laie et feriehuus?

Gibt es hier in der Nähe einen schönen/sauberen/... Campingplatz?
Findes der her i nærheden en pæn/ren/... campingplads? finnes der her i närhe'en en pään/reen/... kämpingplass?

Wieviel kostet eine Übernachtung ungefähr?
Hvor meget omtrent koster en overnatning? wor maiet omtrent koster en ouernattning?

Wo ist das Hotel .../die Pension ...?
Hvor er hotel.../pension...? woor är hotel.../pangsjon ...?

Beschreiben Sie mir bitte den Weg.
Vær venlig at beskrive mig vejen. wär wenli a beskriiwe mai waien.

Hotel

Für mich/uns ist ein Zimmer reserviert.
Der er reserveret et værelse til mig/os. der är reserweeret et wärelse till mai/oss.

Haben Sie ein Einzelzimmer/... frei?
Har De et ledigt enkeltværelse/ ...? har di et enkeltwärelse frii/...?

Ich möchte ein Zimmer mit Meerblick/... .
Jeg vil gerne have et værelse med udsigt til havet/... jai will gärne hä et wärelse mä u'sigt till häwet/...

Können Sie ein 3. Bett in das Zimmer stellen?
Kan De stille en 3. seng ind i værelset? kan di stille en tre'je säng inn i wärelsed?

Gibt es eine Ermäßigung für Kinder/Gruppen/...?
Gives der rabat for børn/grupper/...? giis der rabatt for börn/grupper/...?

Sind Hunde/... erlaubt?
Er hunde/... tilladt? är hunne/... tillatt?

Haben Sie eine/-n Garage/Parkplatz?	Har De en garage/parkeringsplads? har di en garasje/parkeringsplass?
Haben Sie einen Safe?	Har De en safe? har di en seif?
Hat das Hotel ein/-en Schwimmbad/eigenen Strand?	Har hotellet svømmehal/egen strand? har hotellet swömmehäll/aien strann?
Ich bleibe ... Tag/-e/Woche/-n.	Jeg bliver ... dag/-e/uge/-r. jai bliir ... dä/-e/uue/r.
Kann ich das Zimmer sehen?	Må jeg se værelset? mo jai see wärelsed?
Ich nehme das Zimmer.	Jeg tager værelset. jai tar wärelsed.
Ich möchte ein anderes/billigeres/größeres/... Zimmer.	Jeg vil gerne have et andet/billigere/større/... værelse. jai will gerne hä et änned/billiere/större/... wärelse.
Was kostet das Zimmer mit Halbpension/Frühstück/...?	Hvad koster værelset med halvpension/morgenmad/...? wa koster wärelsed me hallpangsjoon/mornmä/...?
Füllen Sie bitte das Anmeldeformular aus.	Vær venlig at udfylde anmeldelsesblanketten. wär wenli a u'fülle anmellelsesblankedden.
Bitte lassen Sie die Sachen auf mein Zimmer bringen.	Vær venlig at bringe tingene op på mit værelse. wär wenli a bringe tingene op po mit wärelse.
Wo ist der Frühstücksraum/die Bar/...?	Hvor er restauranten/barén/...? woor är restorangen/baren/...?
Bitte den Schlüssel für Zimmer 6/...	Må jeg bede om nøglen til værelse 6/... mo jai bee om neulen till wärelse sägs/...
Können Sie das für mich im Safe aufbewahren?	Kan De opbevare det for mig i safen? ka di opbeware de for mai i seifen?
Ich möchte meine Sachen aus dem Safe nehmen.	Jeg vil gerne tage mine ting ud af safen. jai will gerne tä mine ting u ä seifen.
Ist Post/eine Nachricht für mich da?	Er der post /en besked til mig? är der post/en beske till mai?
Wenn jemand nach mir fragt, bin ich an der Bar/...	Hvis nogen spørger efter mig, er jeg i baren/... wiss noen spör efter mai, är jai i baren/...
Wo kann ich mich für den Ausflug nach ... anmelden?	Hvor kan jeg tilmelde mig udflugten til ...? woor ka jai tillmelle mai u'flugden till ...?
Kann ich hier Geld umtauschen?	Kan jeg veksle penge her? ka jai weksle pänge her?
Wo kann ich telefonieren?	Hvor kan jeg telefonere? woor ka jai telefoneere?
Können Sie eine Telefonverbindung nach Deutschland/... herstellen?	Kan De give mig en telefonforbindelse til Tyskland/...? ka di gi mai en telefoonforbinnelse till tüsklann/...?
Ich möchte die Hose/das Hemd/... reinigen lassen.	Jeg vil gerne have bukserne/skjorten/...renset. jai will gerne hä bokserne/skjorden/... rensed.

Beanstandungen

Die Dusche/Spülung/Klimaanlage/... funktioniert nicht.	Bruseren/wc-skyllet/klimaanlægget/... fungerer ikke. bruseren/wc-sküllet/klimaanlägget/... fungeerer igge.
Es kommt kein Wasser/warmes Wasser.	Der kommer ingen vand/varmt vand. der kommer ingen wann/warmd wann.
Bringen Sie mir/uns bitte einige Kleiderbügel/...	Vær venlig at bringe mig/os nogle bøjler/... wär wenli a bringe mai/oss noen beuler/...
Der Wasserhahn tropft.	Vandhanen drypper. wannhänen drübber.
Das Waschbecken/Die Toilette ist verstopft.	Håndvasken/toilettet er stoppet. honnwasken/toaledded är stobbed.
Das Zimmer liegt nicht ruhig/... genug.	Værelset ligger ikke roligt/... nok. wärelsed ligger igge roolit/... nog.
Das Fenster/... geht nicht auf/zu.	Vinduet/... kan ikke åbnes/lukkes. winndued/... kan igge obnes/lugges.
Das Zimmer ist nicht gereinigt worden.	Værelset er ikke gjort rent. wärelsed är igge gjord reent.

Wortliste Hotel

Abendessen aftensmad afdensma
Abreise afrejse auraise
Adresse adresse
Anmeldung reception resepsjoon
aufbewahren opbevare opbeware
Ausflug tur tuur, udflugt u'flugd
Aussicht udsigt u'sigd
Bad bad bä
Badewanne badekar bä'ekar
Balkon altan altään
Bar bar
Bedienung Tjener tjäner; frøken frögen (weibl.); betjening betjäning (männl.)
Bettdecke dyne düne
Bettwäsche sengetøj sängeteu
Diskothek diskotek
Einzelzimmer enkeltværelse enkeltwärelse
Fenster vindue winndu
Fernseher fjernsyn fjernsüün
Frühstück morgenmad mornmä
Frühstücksraum restaurant restorang
Garage garage garasje
Gepäck bagage bägäsje
Halbpension halvpension hallpangsjoon
Handtuch håndklæde honnklä'e
Heizung varme(apparat) warme(apparat)
Hotel hotel
Hotelpersonal hotelpersonale hotellpersonäle
Kinderbetreuung børnepasning börnepassning
Kinderbett barneseng barnesäng
Kinderspielplatz legeplads laieplass
Kissen pude pu'e
Kleiderbügel bøjle beule
Klimaanlage klimaanlæg klimaanläg
Kreditkarte kreditkort
Kühlschrank køleskab köleskäb

Lampe
lampe lambe
Lärm
larm,
støj steu
laut
støjende steuene
Liegestuhl
liggestol liggestool
Meerblick
havblik hawblikk
Mittagessen
middagsmad middäsmä
Nacht nat natt
Nachttischlampe
natbordslampe
nattborslambe
Papierkorb
papirkurv papiirkurw
Parkplatz
parkeringsplads
parkeeringsplass
Pension
pension pangsjoon
Portier portier
Preis pris priis
Privatstrand
privat strand
priwät strann
Privatzimmer
privat værelse
priwät wärelse
Radio
radio
Rechnung
regning raining
reinigen rense
Reisebüro
rejsebureau
raisebüro
Reiseleiter
rejseleder
raisele'er
reservieren lassen
reservere reserweere
Rezeption
reception resepsjoon
ruhig rolig rooli
Saal sal sääl
Saison saison säsong
Sauna sauna
Scheck check sjek
Schlüssel
nøgle neule
Schwimmbad
svømmehal
swömmehäll
Sonnenschirm
parasol parasoll
Speisesaal
spisesal spiisesääl
Spülung (WC)
wc-skyl wc-sküll
Strand
strand strann
Tag dag dä
Taxi taxa
Terrasse terrasse
Toilette toilet toalett
Toilettenpapier
toiletpapir
toalettpapiir
Trinkgeld
drikkepenge driggepänge
Übernachtung
overnatning
ouernatning
Unterhaltungsprogramm
underholdningsprogram
unnerhollningsprogramm
Verlängerungswoche
forlænget ophold
forlänget opholl
Vollpension
helpension
heelpangsjoon
warmes Wasser
varmt vand warmt wänn
waschen vaske waske
Wasser vand wann
Wasserglas
vandglas wannglass
Wasserhahn
vandhane wannhäne
Wasserleitung
vandrør
wannrör
wecken vække wäkke
wohnen bo boo
Zimmer
værelse wärelse
Zimmerkellner
tjener tjäner
Zimmermädchen
stuepige stuepiie
Zimmerschlüssel
værelsesnøgle
wärelsesneule
Zimmertelefon
værelsestelefon
wärelsestelefoon

Ferienwohnung/Ferienhaus

Wir haben die Wohnung/das Haus/... gemietet.	Vi har lejet lejligheden/huset/... wi har laied lailihe'en/huuset/...
Bitte hier ist der Mietvertrag.	Vær så god, her er lejekontrakten. wärsgo, här är laiekontrakten.
Welche Nebenkosten sind im Mietpreis enthalten?	Hvilke ekstraomkostninger er med i lejen? wilke ekstraomkostninger er mä i laien?
Wo ist der Sicherungskasten/ die Mülltonne/...?	Hvor er sikringskassen/skraldespanden/...? woor är sikringskässen/skrallespännen/...?
Wo ist der Stromzähler/...?	Hvor er elmåleren/...? woor är ellmooleren/...?
Wie funktioniert der Herd/die Mikrowelle/...?	Hvordan fungerer komfuret/mikroovnen/...? wordänn fungeerer komfuuret/mikroounen/...?
Gibt es hier einen Grill/...?	Er her en grill/...? är her en grill/...?
An welchen Tagen kommt das Zimmermädchen?	Hvilke dage kommer rengøringshjælpen? wilke däe kommer reengöringsjälpen?
Müssen wir für das Zimmermädchen/... extra bezahlen?	Skal vi betale ekstra for rengøringshjælpen/...? skall wi betäle ekstra for reengöringsjälpen/...?
Wann kommt der Poolservice?	Hvornår kommer poolservice? wornoor kommer puulsörwis?
Wer bezahlt die Endreinigung?	Hvem betaler slutrengøringen? wem betäler sluttreengöringen?
Wo kann man Kaminholz/... kaufen?	Hvor kan man købe pejsebrœnde/...? woor ka man köbe paisebränne/...?

Wortliste Ferienwohnung/Ferienhaus

Abreisetag afrejsedag auraisedä
Anreisetag ankomstdag ankomstdä
Apartment lejlighed lailihe
Badezimmer badeværelse bä'ewärelse
Balkon altan altään
Besteck bestik
Brennholz brænde bränne
Brennofen brændeovn bränneoun
Bügeleisen strygejern strüejärn
Bungalow bungalov bungalou
Elektroherd elektrisk komfur elektrisk komfuur
Endreinigung slutrengøring sluttreengöring
Eßecke spisekrog spiisekroou
Ferienhaus feriehus feriehuus
Ferienwohnung ferielejlighed ferielailihe
Garten have häwe
Gasherd gaskomfur gässkomfuur
Geschirr service serwiise
Geschirrhandtuch viskestykke wiskestügge
Geschirrspüler opvaskemaskine opwaskemasgiine
Hausbesitzer husejer huss aier
Herd komfur komfuur
Heizung varme(apparat) warme(apparat)
Hütte hytte hüdde

Kaffeemaschine kaffemaskine kaffemasgiine
Kamin pejs pais
Kaminholz pejsebrænde paisebränne
Kinderzimmer børneværelse börnewärelse
Kochnische tekøkken teeköggen
Küche køkken köggen
Kühlschrank køleskab kööleskäb
Miete leje laie
Mietvertrag lejekontrakt laiekontrakt
Mikrowelle mikroovn mikrooun
Mülltonne skraldespand skrallespänn
Nebenkosten ekstraomkostninger
Poolservice poolservice puulsörwis
Schlafzimmer soveværelse souewärelse
Schlüsseladresse nøgleadresse neuleadresse
Schlüsselübergabe nøgleudlevering neuleu'leweering
Spülmaschine opvaskemaskine opwaskemasgiine
Strom strøm strömm
Stromspannung strømspænding strömspänning
Stromzähler elmåler elmooler
Toaster toaster tooster
Toilette toilet toalett
Verbrauch forbrug forbruu
Waschmaschine vaskemaskine waskemasgiine
Wohnzimmer opholdsstue ophollsstue

Camping

i In Dänemark gibt es mehr als 500 ausgezeichnete Campingplätze. Ein Campingpaß ist erforderlich. Wildes Campen ist nicht erlaubt.

Camping

Gibt es in der Nähe einen schönen/ruhigen/... Campingplatz?	Er der en pæn/rolig/... campingplads her i nærheden? är der en pään/rooli/... cämping-plass her i närhe'en?
Wo ist der Campingplatz ...?	Hvor er campingpladsen ...? woor är kämpingplassen ...?
Dürfen wir auf Ihrem Grundstück zelten?	Må vi telte på Deres grund? mo wi telte po därs grunn?
Haben Sie einen deutschsprachigen Prospekt?	Har De en tysksproget brochure? har di et tüsksproued brosjüre?
Haben Sie noch Plätze frei für ein/-en Zelt/Wohnwagen?	Har De ledige pladser til et telt/en campingvogn? har di lädie plasser till et tellt/en kämpingwoun ?
Kann man hier für ... Tag/-e/Woche/-n ein/-e Zelt/Hütte/... mieten?	Kan man leje et telt/en hytte/... for ... dag/e/uge/r? kan man laie et telt/en hüdde/... for ... dä/e/uue/r?
Wieviel kostet es pro Nacht/...?	Hvor meget koster det pr. nat/...? wor maiet koster de per natt/...?
Kann ich den Platz besichtigen?	Kan jeg få pladsen at se? ka jai fo plassen a see?

Dürfen wir unser Zelt hier aufschlagen?	Må vi slå vores telt op her? mo wi slo wors tellt op her?
Ist der Platz nachts bewacht?	Er pladsen bevogtet om natten? är plassen bewogded om nadden?
Gibt es hier ein/-en Schwimmbad/ Tennisplatz/...?	Er er en svømmehal/en tennisbane/... ? är er et swömmehäll/en tennisbäne/... ?
Kann man hier Volleyball/ Tischtennis/... spielen?	Kan man spille volleyball/bordtennis/... her? ka mann spille wolliball/boortennis/... her?
Kann man hier ein Surfbrett/... mieten?	Kan man leje et surfbræt/... her? ka mann laie et sörfbrett/... her?
Gibt es hier ein Lebensmittel-geschäft/...?	Er her en købmand/et supermarked/...? är her en köbmann/et supermarke/...?
Gibt es hier einen Stromanschluß/...?	Er her en stikkontakt/...? är her en stikkontakt/...?
Wo sind die Toiletten und der Waschraum?	Hvor er toiletterne og vaskerummet? woor är toaledderne o waskerummed?
Haben Sie eine Verlängerungs-schnur/...?	Har De en forlængerledning/...? har di en forlängerlening/...?

Wortliste Camping

Anzahlung udbetaling u'betäling
aufschlagen slå op slo op
Bauernhof bondegård bonnegoor
Benutzungsgebühr benyttelsesgebyr benüddelsesgebüür
Camping camping
Campingausweis campingkort
Campingplatz campingplads kämpingplass
Ermäßigung rabat rabatt
Gaskocher gasapparat gäsapparat
Grundstück grund grunn
Hammer hammer
Herd komfur
Kocher kogeapparat koueapparat
leihen (ver-) udlåne u'lone
leihen låne lone
Leihgebühr lånegebyr lonegebüür
Mitgliedskarte medlemskort me'lemskort
Schlafsack sovepose souepose
Steckdose stikkontakt
Stecker stik
Strom strøm strömm
Trinkwasser drikkevand driggewann
Verlängerungsschnur forlængerledning forlängerle'ning
Waschraum vaskerum waskerumm
Wohnmobil campingvogn kämpingwoun
Wohnwagen karavan karawän
Zelt telt
zelten telte
Zeltplatz teltplads telltplass

Ich reise heute mittag/morgen früh/... ab.	Jeg rejser til middag/i morgen tidlig/... jai raiser till middä/i morn ti'li/...
Kann ich mein Gepäck bis 12.00/... Uhr hier lassen?	Kan jeg lade min bagage stå her til klokken 12.00/...? ka jai lä min bägäsje sto her till kloggen toll/...?
Bestellen Sie uns bitte für morgen 11.00/... Uhr ein Taxi.	Vær venlig at bestille en taxa til os til i morgen klokken 11.00/... wär wenli a bestille os en taxa till os till i morn kloggen ellwe/...
Wecken Sie mich/uns bitte um 06.00/... Uhr.	Vær venlig at vække mig/os klokken 06.00/... wär wenli a wägge mai/oss kloggen sägs/...
Machen Sie mir bitte die Rechnung fertig.	Vil De gøre regningen klar. will di göre rainingen klar.
Kann ich mit ...-schecks/Kreditkarte/DM/... bezahlen?	Kan jeg betale med ...-check/kreditkort/D-mark/...? kan jai betäle mä ...-checks/kreditkort/dmark/...?
Senden Sie bitte meine Post an diese Adresse nach.	Vær venlig at eftersende min post til denne adresse. wär wenli a eftersenne min post till denne adresse.
Vielen Dank für alles.	Tak for alt. takk for alt.

KRO
Den Skæve Kro
Ebeltoft
VELSKÆNKET FADØL

Gastronomie

i Die dänische Küche orientiert sich in der Speisenfolge an der französischen Küche. Dänische Eigenheiten kommen in der Zubereitung zum Ausdruck. Das weltberühmte „smørrebrød" ist ein Kapitel für sich; es mit „belegte Brote" zu übersetzen wäre eine zu starke Vereinfachung. Jedes „smørrebrød" kann eine üppige Mahlzeit sein. Ebenfalls zur kalten Küche gehören die vielfältig marinierten Heringsfilets (sild). Ein weiteres kulinarisches Erlebnis sind die vor allem bei den jungen Leuten beliebten Hotdogs mit roten Würstchen (røde pølser).

Im Restaurant kann eine dänische Großzügigkeit Irritation hervorrufen. Wenn nach der Bestellung von Suppe eine ganze Terrine oder von Kaffee eine große Kaffeekanne auf den Tisch kommt, befürchten Sie nicht, dies alles auch bezahlen zu müssen. Bei dieser Art des Servierens wählen Sie die Menge selbst. Beachten Sie, daß in Dänemark Trinkgelder allgemein nicht üblich sind.

Reservierung

Können Sie mir/uns ein gutes/ preiswertes/... Restaurant empfehlen?
Kan De anbefale mig/os en god/billig/... restaurant?
ka di anbefäle mai/oss en go/billi/... restorang?

Ich möchte einen Tisch für heute abend/... für ... Personen reservieren lassen.
Jeg vil gerne bestille et bord til i aften/... til ... personer. jai will gerne bestille et boor till i afdn/... till ... personer.

Ich möchte einen Tisch am Fenster/auf der Terrasse.
Jeg vil gerne have et bord ved vinduet/ på terrassen. jai will gerne hä et boor we windued/po terrassen.

Entschuldigen Sie, ist dieser Stuhl/ Tisch noch frei?
Undskyld, er denne stol/dette bord ledig/-t?
unnsgüll, är denne stool/dette boor fri/-t?

Entschuldigung, wo sind die Toiletten?
Undskyld, hvor er toiletterne?
unnsgüll, woor är toaledderne?

Bestellung

Bedienung! (*männlich*)	Tjener! tjäner!
Bedienung! (*weiblich*)	Frøken! fröken!
Bringen Sie mir/uns bitte die Speisekarte/Weinkarte/...	Vær venlig at bringe mig/os spisekortet/vinkortet/... wär wenli a bringe mai/oss spiisekortet/wiinkortet/...
Woraus besteht das Tagesmenü?	Hvad er dagens ret? wa er däens rätt?
Haben Sie auch ein Kindermenü/Diätkost?	Har De også en børnemenu/diætkost? har di osse en börnemenü/diätkost?
Ich nehme das Tagesmenü.	Jeg tager dagens ret. jai tar däens rätt.
Was können Sie mir/uns empfehlen?	Hvad kan De anbefale mig/os? wa ka di änbefäle mai/oss ?
Als Hauptgericht/Vorspeise nehme ich ...	Som hovedret/forret tager jeg ... som howe'rätt/forrätt tar jai ...
Ich möchte ein/-e Glas/Flasche Weißwein/Bier/...	Jeg vil gerne have et glas/en flaske hvidvin/øl/... jai will gerne hä et glass/en flasge wi'wiin/öll/...
Bringen Sie mir/uns bitte Wasser/...	Vær venlig at bringe mig/os vand/... wär wenli a bringe mai/oss wann/...
Ich möchte mein Fleisch gut durchgebraten/ohne Soße/...	Jeg vil gerne have mit kød godt gennemstegt/uden sauce/... jai will gerne hä mit köö gott gennemstegt/u'en sous/...
Guten Appetit!	Velbekomme! wellbekomm!
Kann ich noch etwas Brot/Butter/... bekommen?	Kan jeg få mere brød/smør/...? ka jai fo mere bröö/smörr/...?
Ich möchte gerne ein/-en Dessert/Kaffee/...	Jeg vil gerne have dessert/kaffe/... jai will gerne hä desserd/kaffe/...

Beanstandungen

Das Essen ist kalt/zu fett/...	Maden er kold/for fed/... mä'en är koll/for fee/...
Das Fleisch ist zäh/...	Kødet er sejgt/... kö'et är sait/...
Der Fisch ist nicht frisch.	Fisken er ikke frisk. fisgen är igge frisg.
Das kann ich nicht essen.	Det kan jeg ikke spise. de ka jai igge spiise.
Hier fehlt ein/-e Messer/Gabel/Serviette/...	Her mangler en kniv/gaffel/serviet/... her mangler en kniiu/gaffel/serwiett/...
Das scheint mir nicht zu stimmen.	Jeg synes ikke, det stemmer. jai sünes igge, de stemmer.
Das habe ich nicht bestellt.	Det har jeg ikke bestilt. de har jai igge bestillt.
Ich wollte ... haben.	Jeg ville have ... jai wille hä ...
Nehmen Sie das bitte zurück.	Vær venlig at tage det tilbage. wär wenli a tä de tillbäe.
Holen Sie bitte den Chef.	Vær venlig at hente chefen. wär wenli a hende sjäfen.

Rechnung

Bezahlen bitte.	Jeg vil gerne betale. jai will gerne betäle.
Ich zahle alles zusammen.	Jeg betaler det hele. jai betäler de heele.
Wir möchten getrennt zahlen.	Vi vil gerne betale hver for sig. wi will gerne betäle wär for sai.
Das habe ich nicht gehabt.	Det har jeg ikke fået. de har jai igge foet.
Die Rechnung scheint mir nicht zu stimmen.	Jeg synes ikke, regningen stemmer. jai sünes igge, rainingen stemmer.
Danke, stimmt so.	Tak, det stemmer. takk, de stemmer.

Gemeinsam essen

Guten Appetit!	Velbekomme! wellbekomm!
Das schmeckt sehr gut.	Det smager godt. de smäer gott.
Darf ich dir/Ihnen hiervon/... reichen?	Må jeg række dig/Dem noget af det her/...? mo jai rägge dai/dem noet a de her/...?
Danke, im Moment nicht.	Tak, ikke for øjeblikket. takk, igge for euebligged.
Danke, ich bin satt.	Tak, jeg er mæt. takk jai är mätt.
Können Sie mir bitte ... reichen?	Vil De være venlig at række mig ...? will di wäre so wenli a rägge mai ...?
Ich möchte keinen Alkohol.	Jeg ønsker ingen alkohol. jai önsger ingen alkohol.
Darf ich rauchen?	Må jeg ryge? mo jai rüe?
Das Essen war ausgezeichnet.	Maden var udmærket. mä'en war u'märked.
Vielen Dank für die Einladung.	Mange tak for indbydelsen. mange takk for inbü'elsen.

Wortliste Restaurant

Abendessen aftensmad afdensmä
alkoholfrei alkoholfri alkoholfrii
Aschenbecher askebæger asgebäjer
Aufschnitt pålæg poläg
Bedienung tjener(männlich) tjäner, frøken (weiblich) frögen
Besteck bestik
Bestellung bestilling
Bezahlen betale betäle
Brot brød brö
Butter smør smörr
Dessert dessert dessert
Diätkost diætkost dlätkosst
Dressing dressing
durchgebraten gennemstegt
empfehlen anbefale änbefäle
essen spise spiise

Essig
eddike e'ike
fett
fed fee
fettig
fedtet fedded
Fisch
fisk
Fleisch
kød köö
Fräulein
frøken frögen
frisch frisk
Frühstück (morgens)
morgenmad mornmä
2. Frühstück (mittags)
frokost
Gabel gaffel
gebacken bagt
gebraten stegt
gedämpft dampet
Gedeck
kuvert kuwert
gedünstet
dampkogt
Geflügel
fjerkræ fjärkrä
gefüllt
fyldt füll d
gekocht kogt
Gemüse
grønsager grönnsäer
geräuchert
røget reued
geröstet
ristet risded
Getränk
drikke drigge
getrennt
hver for sig
wer for sai

gewürzt
krydret krü'red
Glas
glas glass
Hauptgericht
hovedret howe'rät
heiß varm warm
Hunger sult
Hunger haben
være sulten wäre sulden
kalt kold koll
Karaffe karaffel
Kartoffeln
kartofler
Kellner/-in
tjener tjäner/
frøken frögen
Kindermenü
børnemenu börnemenü
Löffel ske sgee
mager mager mäer
Menü menu menü
Messer
kniv kniiu
Mittagessen
middagsmad middäsmä
Obst
frugt
Öl olie
Pfeffer
peber pewer
Portion
portion porsjoon
probieren
prøve pröwe
Rechnung
regning raining
Restaurant
restaurant restorang
saftig saftig safdi
Salat salat saläd

Salz salt
sauer sur suur
scharf
stærk stärk
schmackhaft
velsmagende
wellsmääene
Serviette
serviet serwiett
Soße
sauce sous
Speisekarte
spisekort spiisekort
süß sød söö
Tagesmenü
dagens ret däens rätt
Tasse kop
Teller
tallerken talerrken
Tischdecke
borddug boorduu
trinken
drikke drigge
Trinkgeld
drikkepenge
driggepänge
Vorspeise
forret forrätt
warm
varm warm
weich blød blöö
Weinkarte
vinkort wiinkort
Wild
vildt willd
zäh sejg sai
Zahnstocher
tandstikker tannstigger
zart sart
Zucker sukker
zusammen sammen

Speisekarte

Smørrebrød

Bøf tatar med rå æggeblomme
böf tatar mä ro äggeblomme
Tartarbeefsteak mit rohem Eigelb

Graved laks med sennepsdressing
grawad laks mä sennepsdressing
Graved Lachs mit Senfdressing

Karrysalat med æg og ansjoser
karrüsalät mä äg o ansjoser
Currysalat mit Ei und Anchovis

Fersk røget laks med asparges
fersk reuet laks mä aspars
Frisch geräuchter Lachs mit Spargel

Hamburgerryg med italiensk salat
hamburgerrüg mä itäliensk salät
Kasseler mit Gemüsesalat

Kogt høne med karrymayonnaise
kogt höne mä karrymajonäse
Gekochtes Huhn mit Currymayonnaise

Kogt skinke med flødepeberrod
kogt skinke mä flö'epewerro
Gekochter Schinken mit Sahnemeerrettich

Leverpostej med champignons og bacon
lewerpostej mä champinsjon o beikon
Leberpastete mit Champignons und knusprigem Speck

Oksebryst med flødepeberrod
oksebrüst me flö'epewerro
Rinderbrust mit Sahnemeerrettich

Rejer med citron og mayonnaise
raier mä sitroon o majonäse
Krabben mit Zitrone und Mayonnaise

Roastbeef med løg og remoulade
rostbiif mä leu o remulä'e
Roastbeef mit Zwiebeln und Remoulade

Røget sild med rå æggeblomme
reuet sill mä
ro äggeblomme
Geräucherter Hering mit rohem Eigelb

Rullepølse med sky
rullepölse mä sküü
Rollfleisch mit Bratengelee

Rødspættefilet med remoulade
röøspättefilee mä remuläøe
Schollenfilet mit Remoulade

Røget ål med røræg
reuet ool mä röräg
Geräucherter Aal mit Rührei

Sildesalat
sillesalät
Heringssalat

Spegepølse med hakket løg
spaiepölse mä hakket leu
Salami mit gehackten Zwiebeln

Svinekam med rødkål
swiinekamm mä rö'kool
Schweinekamm mit Rotkohl

Torskerogn med mayonnaise
torskeroun mä majonäse
Dorschrogen mit Mayonnaise

På franskbrød
po franskbröö
Auf Weißbrot

På rugbrød
po ruubröö
Auf Schwarzbrot

Eierspeisen

Blødkogt æg
blökogt äg
Weichgekochtes Ei

Hårdkogt æg
horkogt äg
Hartgekochtes Ei

Omelet med skinke
omelet mä skinke
Omelet mit Schinken

Røræg
röräg
Rührei

Spejlæ
spailäg
Spiegelei

Flæskeæggekage med purløg
fläsgeäggekäe mä purleu
Eierkuchen mit krossem Speck und Schnittlauch

Frokostspeisen

Kold Roastbeef med kartoffelsalat
koll rostbiif mä kartoffelsalät
Kaltes Roastbeef mit Kartoffelsalat

Kro-anretning, kroplatte
kroo anrettning krooplatte
Krugplatte (Aufschnittplatte)

Koldt bord
kollt boor
Kaltes Buffet

Sildeanretning
silleanrettning
Heringsplatte

Vorspeisen

Blandet salat
blannet salät
Gemischter Salat

Fersk røget laks med spinat
fersk reuet laks mä spinät
Frisch geräucherter Lachs mit Spinat

Hummercocktail
hummerkokteil
Hummercocktail

Indbagt laks med spinat
innbagt laks mä spinät
Im Teig gebackener Lachs mit Spinat

Vinbjergsnegle med hvidløgssmør
wiinbjär snaile mä wi'leussmörr
Weinbergschnecken mit Knoblauchbutter

Marineret sild med kartofler
marineret sill mä kartofler
Marinierter Hering mit Kartoffeln

Rejecocktail
raiekokteil
Krabbencocktail

Tarteletter med høns og asparges
tarteletter mä höns o aspars
Törtchen mit Huhn und Spargel

Kogt hummer
kogt hummer
Gekochter Hummer

Østers
östers
Austern

Suppen

Aspargessuppe
asparssuppe
Spargelsuppe

Champignonsuppe
sjampinjonsuppe
Champignonsuppe

Tomatsuppe
tomätsuppe
Tomatensuppe

Oksehalesuppe
oksehälesuppe
Ochsenschwanzsuppe

Fransk løgsuppe
fransk leusuppe
Französische Zwiebelsuppe

Klar suppe med boller
klar suppe mä boller
Klare Suppe mit Klößen

Fischgerichte

Seefisch	**Süßwasserfisch**
saltvandsfisk	ferskvandsfisk
saltwannsfisk	ferskwannsfisk

Aal
ål ool

Dorsch
torsk

Flunder
skrubbe

Heilbutt
hellefisk

Hering
sild sill

Hornhecht
hornfisk

Karpfen
karpe

Lachs
laks

Seelachs
sej

Seezunge
søtunge

Thunfisch
tunfisk

Steinbeißer
havkat haukat

Glattbutt
slethvarre
slettwarre

Scholle
rødspætte
rö'spätte

Seehase
stenbider
steenbi'er

Forelle
forel forell,
ørred örre

Rotbarsch
rødfisk rö'fisk

Seeaal
kongeål kongeool

Witting
hvilling willing

Rotzunge
rødtunge rö'tunge

Steinbutt
pighvarre pigwar

Makrele
makrel makrell

gegrillt
grillristet
grillristet

gekocht
kogt
kogt

im Ofen gebacken
ovnbagt
ounbagt

gebraten
stegt
stegt

geräuchert
røget
reuet

Schalentiere

Hummer
hummer

Krebs
krebs

Muscheln
muslinger

Krabben
rejer raier,
krabber krabber

Garnelen
rejer raier

Austern
østers östers

Geflügel

gegrillt
grillstegt
grillstegt

gekocht
kogt
kogt

gepökelt
sprængt
sprängt

gebraten
stegt
stegt

Ente
and ann

Hähnchen
kylling külling

Pute
kalkun kalkuun

Rebhuhn
agerhøne
äerhööne

Fasan
fasan fasän

Huhn
høne hööne

Wildente
vildand willann

Gans
gås goos

Poularde
poulard pulard

Taube
due

Fleischgerichte

Bratwurst
stegt medisterpølse
stegt medisterpölse

Filetsteak mit Zwiebeln
engelsk bøf
engelsk böf

Kalbsfilet
kalvefilet
kalwefilee

Deutsches Beefsteak
dansk bøf med løg
dansk böf mä leu

Kasseler
hamburgerryg
hamburgerrügg

Kalbsleber
kalvelever
kalwelewer

Filetsteak mit Kräuterbutter
fransk bøf

Kalbsbraten
kalvesteg
kalwestai

Lammkotelett
lammekotelet

Frikadellen
frikadeller

Rinderbraten
oksesteg
oksestai

Rinderfilet
oksefilet
oksefilee

Wienerschnitzel
wienerschnitzel

Schweinehacksteak
flæskekarbonader
fläskekarbonä'er

Schweinebraten
flæskesteg
fläskestai

Schweinefiletsteak
mørbradbøf mörbra'böf

Schweinekotelett
svinekotelet
swiinekotelett

Rouladen
benløse fugle
beenlööse fuule

Beilagen

Anchovis
ansjoser

Bohnen
bønner bönner

Bratkartoffeln
brasede kartofler
braase'e kartofler

Champignons à la creme
champignons à la creme

Eigelb
æggeblomme
äggeblomme

Erbsen
ærter ärter

Gebackene Kartoffeln
bagte kartofler

Grüner Salat
grøn salat
grönn salät

Grünkohl
grønkål
grönnkool

Gurkensalat
agurkesalat

Kartoffelbrei
kartoffelmos
kartoffelmoos

Kartoffelsalat
kartoffelsalat

Kaviar
kaviar
kawiar

Knoblauch
hvidløg wi'leu

Meerrettich
peberrod pewerroo

Möhren
gulerøddder
gulerö'er

Nudeln
nudler nu'ler

Paprika
peberfrugt
pewerfrugt

Petersilie
persille

Pfannenkartof-feln (süß)
brunede kartofler
brune'e kartofler

Pommes frites
pommes frites
pomm frit

Porree
porre

Preiselbeerkonfi-türe
tyttebærsyltetøj
tüttebärsülteteu

Röstzwiebeln
ristede løg
riste'e leu

Reis
ris
riis

Rosenkohl
Rosenkål
rosenkool

Rührei
røræg
röräg

Rote Bete
rødbeder
rö'be'er

Rotkohl
rødkål
rö'kool

Sardinen
sardiner

Schwedische Kartoffeln
råstegte kartofler
rostegte kartofler

Schlagsahne
piskefløde
pisketlö'e

Schlagsahne, geschlagen
flødeskum
flö'eskumm

Schnittlauch
purløg
purleu

Spinat
spinat
spinät

Spaghetti
spaghetti

Spargel
asparges
aspars

Tomaten
tomater
tomäter

Stangenbrot
flûte
flüüt

Weiße Kartoffeln
hvide kartofler
wii'e kartofler

Zerlassene Butter
smeltet smør
smeltet smörr

Waldorfsalat
waldorfsalat
walldorfsälät

Toast
toast toost

Weißkohl
hvidkål wi'kool

Rohe Zwiebeln
rå løg ro leu

Käse und Dessert

Gebackener Camembert mit Preiselbeerkonfitüre
friturestegt camembert med tyttebærsyltetøj
fritürestegt kamembär mä tüttebärsülteteu

Pfannkuchen mit Erdbeerkonfitüre
pandekager med jordbærsyltetøj
pännekäer mä joorbärsülteteu

Mandelreis mit heißer Kirschsoße
ris à l'amande med varm kirsebærsauce
ris a lamang mä warm kirsebärsous

Schokoladenpudding
chokoladebudding
sjokolä'ebu'ing

Zitronenschaumspeise
citronfromage
sitroonfromääsje

Rote Grütze mit Sahne
rødgrød med fløde
rö grö mä flö'e

Eis mit Früchten
is med frugter
iis mä frugter

Apfeldessert
æblekage
äblekäe

Obstsalat
frugtsalat

Käseplatte osteanretning

Getränkekarte

Warme Getränke

Kaffee	**Kaffee mit/ohne Zucker/Sahne**	**Kakao**	**Tee mit/ohne Zucker/Milch**
kaffe	kaffe med/uden sukker/fløde	kakao	te med/uden sukker/mælk
	kaffe mä/u'en sukker/flö'e	käkääo	te mä/u'en sukker/mälk

Alkoholfreie Getränke

Apfelsaft	**Johannisbeersaft**	**Mineralwasser**
æblesaft	solbærsaft	mineralvand
äblesaft	soolbärsaft	mineralwann
Brauselimonade	**Kirschsaft**	**Tomatensaft**
sodavand	kirsebærsaft	tomatsaft
sodawann	kirsebärsaft	tomätsaft

Orangensaft	**Traubensaft**	**Fruchtsaft**	**Wasser**
appelsinsaft	druesaft	frugtsaft	vand wann

Alkoholische Getränke

Aquavit	**Cocktail**	**Likör**	**Wein**
akvavit	cocktail	likør	vin
akwawit	koktäil	likör	wiin
Bier	**Gin**	**Roséwein**	**Weißwein**
øl	gin	rosévin	hvidvin
öll	djinn	roseewiin	wi'wiin
Champagner	**Kognak**	**Rotwein**	**Whisky**
champagne	cognac	rødvin	whisky
sjampanje	konnjak	rö'wiin	wiski

Aperitif	**Rum**	**Schnaps**	**Sekt**	**Wodka**
aperitif	rom	snaps	tysk champagne	wodka
			tüsk sjampanje	

Fisk

i

Das Preisniveau in Dänemark liegt wegen der höheren Mehrwertsteuer über dem deutschen. Daß Dänemark für ein ausgesprochen teures Einkaufsland gehalten wird, hat sicher seinen Grund darin, daß Touristen in den Ferienorten oft die erstbeste Einkaufsmöglichkeit wählen. Dabei finden sie kleine Läden (købmand), die in der Hauptreisezeit fast immer geöffnet haben, und diese Gelegenheit zur Preisanhebung nutzen.

Das berühmte dänische Design sticht beim Einkaufsbummel überall ins Auge: Von Elektroartikeln über Porzellan und Glas bis hin zu Möbeln kann man geschmackvolle Formen bewundern. Die dänische Mehrwertsteuer wird bei der Ausfuhr nicht zurückerstattet.

Beschreibung von Gegenständen (Wortliste)

alt gammel
angenehm behagelig behäeli
ausgezeichnet udmærket u'märked
beige beige bäsch
billig billig billi
bitter bitter bidder
blau blå blo
braun brun bruun
bunt spraglet sprauled
dreckig snavset snaused
dunkel mørk mörk
einfarbig ensfarvet eensfarwed
farbig kulørt kulörd
gelb gul guul
gemustert mønstret mönstred
gestreift stribet striibed
grau grå gro
groß stor stoor
grün grøn grönn
gut god go
hart hård hor
heiß varm warm, hed hee
hell lys lüüs
hübsch køn könn, pæn pään
interessant interessant
kalt kold koll
kariert ternet tarned
klein lille
kurz kort
lang lang
langsam langsom
leicht let
neu ny nüü
orange orange oransch
rosa rosa
rot rød rö
sauber ren reen
sauer sur suur
schlecht dårlig dorli
schnell hurtig hurti
schön smuk
schwach svag swäj
schwarz sort
schwer tung
stark stærk stärk
süß sød söö
teuer dyr düür
unangenehm ubehagelig ubehäeli
warm varm warm
weich blød blöö
weiß hvid wiiö

Allgemeines

Können Sie mir/uns ein Geschäft für ... empfehlen? Kan De anbefale mig/os en forretning med ...? kan di änbefäle mai/oss en forrettning mä ...?

Um wieviel Uhr schließen/öffnen die Geschäfte? Hvornår lukker/åbner forretningerne? wornoor lugger/obner forrettningerne?

Ich möchte mich einmal umsehen. Jeg vil gerne se mig om. jai will gerne see mai om.

Wieviel kostet das ? Hvor meget koster det? wor maied koster de?

Wieviel kostet ein Kilo/Stück/Meter? Hvor meget koster det pr. kilo/stykke/meter? wor maied koster de per kilo/stügge/meter?

Geben Sie mir bitte ... Jeg vil gerne have ... jai will gerne hä ...

Das gefällt mir nicht. Det synes jeg ikke om. de sünes jai igge om.

Ich nehme es nicht. Jeg tager det ikke. jai tar de igge.

Können Sie mir bitte etwas Preisgünstigeres/anderes geben? Kan De give mig noget billigere/andet? kan di gi mai noed billiere/änned?

Das gefällt mir. Ich nehme es. Det synes jeg godt om. de sünes jai gott om. Jeg tager det. jai tar de.

Ich muß es mir noch einmal überlegen. Jeg vil gerne tænke over det. jai will gerne tänke ouer de.

Ich möchte das umtauschen/zurückgeben. Jeg vil gerne bytte det/give det tilbage. jai will gerne büdde de/gi de tilbäe.

Können Sie es mir als Geschenk einpacken? Kan De pakke det ind som gave? ka di pagge de inn somm gäwe?

Können Sie es an meine Adresse/... senden? Kan De sende det til min adresse/...? ka di senne de till min adresse/...?

Wortliste Allgemeines

Antiquitätengeschäft antikvitetsforretning antikwitetsforretning, antikvariat antikwariat
Apotheke apotek apoteeg
Bäckerei bageri bäerii
Blumengeschäft blomsterforretning blomsterforrettning
Boutique butik
Buchhandlung boghandel boouhännel
Dose dåse dose
Drogerie parfumeri parfümerii
einkaufen købe ind köbe inn
einpacken pakke ind pagge inn
empfehlen anbefale änbefäle
Fischgeschäft fiskeforretning fisgeforrettning
Flasche flaske flasge
Flohmarkt loppemarked lobbemarke
Fotogeschäft fotoforretning
Friseur frisør frisör
gefallen synes om sünes om
Gemüsehändler grønthandler gröndhannler
Geschäft forretning forrettning
Goldschmied guldsmed gullsme
Größe størrelse störrelse, nummer
handeln handle hannle

Juwelier
juveler juweleer
Kaufhaus
varehus
warehuus,
stormagasin
stormagasin
Kilo kilo
Konditorei
konditori
konditorii
kosten koste
Kunsthändler
kunsthandler
kunsthannler
Lebensmittelgeschäft
fødevareforretning
fö'ewareforrettning,
supermarked
supermarke
Lederwarengeschäft
lædervareforretning
lä'erwareforrettning
liefern
levere leweere
Meter meter
Metzgerei slagter
Möbelgeschäft
møbelforretning
möbelforrettning
Obsthändler
frugthandler
frugthannler
Optiker optiker
Packung pakke
Parfümerie
parfumeri parfümeri
Preis pris priis
preiswert billig billi
Reinigung
renseri renserii
Schneider
skrædder skrä'er
Schreibwarengeschäft
papirhandel
papiirhannel
Schuhgeschäft
skoforretning
skoforrettning
Schuhmacher
skomager
skomäjer
Spielwarengeschäft
legetøjsforretning
laieteusforretning
Sportgeschäft
sportsforretning
sportsforrettning
Stück stykke stügge
Süßwarengeschäft
chokoladeforretning
sjokolä'eforrettning
Supermarkt
supermarked supermarke
Tabakladen
tobaksforretning
tobakksforrettning
teuer dyr düür
Tüte pose
umsehen (sich)
se (sig) om
see (sai) om
Weinhandlung
vinhandel wiinhannel
Zeitungshändler
avissælger awiissäljer,
kiosk kiosk

Bezahlen

Kann ich mit ...-Scheck/Kreditkarte/DM/... bezahlen?
Kan jeg betale med ...-check/kreditkort/D-mark/...?
kan jai betäle mä ...-sjekk/kredittkort/dmark/...?

Sie haben mir/uns falsch herausgegeben.
De har givet mig/os forkert tilbage.
di har gied mai/oss forkeert tilbäe.

Ich möchte mein Geld zurück.
Jeg vil gerne have mine penge tilbage.
jai will gerne hä mine pänge tilbäe.

Geben Sie mir/uns bitte eine Rechnung/Quittung.
Jeg/Vi vil gerne have en regning/kvittering.
jai/wi will gerne hä en raining/kwiteering.

Wortliste Bezahlen

Bargeld
kontanter
Barzahlung
kontant betaling
kontänt betäling
bezahlen
betale betäle
billig
billig billi
Ermäßigung
rabat rabatt
falsch forkert forkeert
Geld penge pänge
Kasse kasse

Kassenzettel
kassebon
kassebong
Kassierer/-in
kasserer
kosten koste
Kreditkarte
kreditkort
Mehrwertsteuer
moms momms
preiswert
billig billi
Quittung
kvittering kwiteering

Rabatt
rabat rabatt
Rechnung
regning raining
Scheck
check sjekk
Sonderangebot
tilbud tillbu
teuer
dyr düür
Vorauszahlung
udbetaling
u'betäling

Nahrungsmittel

Geben Sie mir bitte ein Kilo Äpfel/Liter Milch/...	Jeg vil gerne have et kilo æbler/en liter mælk/... jai will gerne hä et kilo äbler/en lidder mälk/...
Darf ich davon/... etwas probieren?	Må jeg smage? mo jai smäe?
Etwas weniger/mehr bitte.	Gerne lidt mindre/mere. gerne litt mindre/mere.

Wortliste Nahrungsmittel

Apfel
æble äble
Apfelsaft
æblesaft (-juice)
äblesaft (-djuus)
Apfelsine
appelsin appelsiin
Aprikose
abrikos abrikoos
Artischocken
artiskokker
Aubergine
aubergine obersjiine
Banane
banan banään
Bier øl öll

Birne pære päre
Bohne
bønne bönne
Brot brød brö
Brötchen
rundstykke runnstügge
Butter
smør smörr
Datteln
dadler da'ler
Eier æg äg
Eis is iis
Erbsen
ærter ärder
Erdbeeren
jordbær joorbär

Essig
eddike e'ike
Feige
figen fijen
Fisch fisk
Fleisch kød köö
frisch frisk
Gebäck kager käjer
Gemüse
grønsager
grönnsäer
Gurke agurk
Hackfleisch
hakkekød haggeköö
Hähnchen
kylling külling

Haselnüsse
hasselnødder hasselnö'er
Honig honning
Honigmelone
honningmelon
Johannisbeere (rot)
ribs
Johannisbeere (schwarz)
solbær soolbär
Kaffee kaffe
Kakao
kakao käkääo
Kalbfleisch
kalvekød kalwekö
Kastanien
kastanier kastanjer
Käse ost
Kartoffeln kartofler
Kekse kiks
Kirschen
kirsebær kirsebär
Knoblauch
hvidløg wi'leu
Kohl kål kool
Konserven
konserves konserwes
Kotelett
kotelet kotelett
Kuchen kage käje
Kürbis
græskar grässkar
Lammfleisch
lammekød lammekö
Lauch porre
Linsen linser
Mais majs mais
Mandarine mandarin
Mandeln
mandler mannler
Margarine margarine
Marmelade
marmelade marmelä'e
Meerrettich
peberrod pewerro

Mehl
mel meel
Melone melon
Milch
mælk mälk
Mineralwasser
mineralvand
mineralwann
Möhren
gulerødder gulerö'er
Nudeln
nudler nu'ler
Obst frugt
Obstsaft frugtsaft
Öl olie
Oliven oliven
Olivenöl olivenolie
Orange appelsin
Orangensaft
appelsinsaft (-juice)
appelsiinsaft (-djuus)
Paprika (Gewürz)
paprika
Paprikaschote
peberfrugt
pewerfrugt
Peperoni peperoni
Petersilie persille
Pfeffer
peber pewer
Pfirsich fersken
Pflaume blomme
Pfifferling
kantarel kantarell
Pilze
svampe swampe
probieren
prøve pröwe
Reis
ris riis
Rettich
ræddike rä'ike
Rindfleisch
oksekød oksekӧö

Rosenkohl
rosenkål rosenkool
Rosinen
rosiner rosiiner
Rotkohl
rødkål rö'kool
Sahne
fløde flö'e
Salami
salami salämi
Salat salat salät
Salz salt
Schafskäse
gedeost ge'eost
Schokolade
chokolade sjokolä'e
Schweinefleisch
svinekød swineköö,
flæskekød fläsgeköö
Senf sennep
Senfgurke asie äsie
Spinat spinat spinät
Suppe suppe
Süßstoff
sødemiddel sö'emi'el
Spargel
asparges aspars
Tee te
Toastbrot toast toost
Tomate tomat tomät
Wassermelone
vandmelon wannmeloon
Weintrauben
vindruer wiindruer
Weißkohl
hvidkål wi'kool
Wurst pølse pölse
Würstchen pølser pölser
Zitrone citron sitroon
Zucchini
zucchini sukkini
Zucker sukker
Zwiebel
løg leu

Haushaltsartikel

Haben Sie Abfallbeutel/Batterien/...? Har De affaldsposer/batterier/...? har di aufallsposer/batterier/...?

Ich möchte ein Spültuch/... Jeg vil gerne have et viskestykke/... jai will gerne hä et wiskestügge/...

Wo finde ich Spülmittel/...? Hvor finder jeg opvaskemidler/...? woor finner jai oppwasgemi'ler/...?

Wortliste Haushaltsartikel

Abfallbeutel affaldsposer aufallsposer
Alufolie alufolie
Batterie batteri
Becher bæger bäjer, krus kruus
Besen kost kosst
Bindfaden snor snoor
Brennspiritus kogesprit kooespritt
Bügeleisen strygejern strüejärn
Dosenöffner dåseåbner doseobner
Eimer spand spänn
Feuerzeug fyrtøj fürteu
Flaschenöffner flaskeåbner fläskeobner
Gabel gaffel
Glas glas glass
Glühbirne el-pære el-päre
Grill grill
Grillanzünder grilltænder grilltänner
Grillkohle grillkul grillkoll
Handfeger håndkost honnkost
Insektenspray insektspray
Kerzen stearinlys stearinlüüs
Korkenzieher proptrækker propträgger
Küchenpapier køkkenrulle köggenrulle
Kühltasche køletaske köletaske
Löffel ske sgee
Messer kniv kniiu
Nähgarn sytråd sü tro
Nähnadel synål sü nol
Pfanne pande pänne
Plastikbeutel plasticpose plästikpose
Regenschirm paraply paraplüü
Schere saks sags
Schrubber gulvskrubbe gullskrubbe
Schüssel skål skool
Schwamm svamp swamp
Serviette serviet serwiett
Spülbürste opvaskebørste opwasgebörste
Spülmittel opvaskemiddel oppwasgemi'el, sulfo
Spültuch viskestykke wisgestügge
Streichhölzer tændstikker tännstigger
Taschenlampe lommelampe
Tasse kop
Teller tallerken talerrken
Thermoskanne termokande termokanne
Topf gryde grü'e
Tüte pose
Verlängerungsschnur forlængerledning forlängerle'ning
Wäscheklammern tøjklemmer teuklemmer
Wäscheleine tørresnor törresnor
Waschmittel vaskemiddel wasgemi'el
Wischlappen klud kluu

Drogerieartikel

Ich möchte eine Zahnbürste/... kaufen. Jeg vil gerne have en tandbørste/... jai will gerne hä en tannbörste/...

Haben Sie eine Nagelschere/...? Har De en neglesaks/...? har di en nailesaks/...?

Wortliste Drogerieartikel

Bürste
børste börste
Creme
creme kreem
Damenbinde
hygiejnebind
hügiainebinn
Deodorant
deodorant
Duschgel
brusegel bruusegeel
Haarspray
hårspray horspray
Handtuch
håndklæde
honnklä'e
Hautcreme
hudcreme
hu'kreem
Kamm
kam kamm
Lippenstift
læbestift läbestift
Nagelfeile
neglefil nailefiil
Nagellack
neglelak nailelak
Nagellackentferner
neglelakfjerner
nailelakfjerner

Nagelschere
neglesaks
nailesaks
Papiertaschentuch
papirlommetørklæde
papiirlommetörklä'e
Parfüm
parfume
parfüme
Pflaster
plaster
Pinzette
pincet pinsett
Präservativ
præservativ
präserwatiiw
Puder
puder pu'er
Rasiercreme
barbercreme
barbeerkreem
Rasierklinge
barberblad
barbeerblä
Rasierpinsel
barberkost
barbeerkost
Rasierseife
barbersæbe
barbeersäbe

Rasierwasser
barbervand
barbeerwann
Schere saks
Schwamm
svamp swamp
Seife
sæbe säbe
Shampoo
shampoo
Sonnenöl
sololie soololje
Spiegel
spejl spail
Tampons
tamponer
tamponger
Toilettenpapier
toiletpapir
toaletpapiir
Waschlappen
vaskeklud
waskekluu
Watte
vat watt
Zahnbürste
tandbørste
tannbörste
Zahnpasta
tandpasta tannpasta

i Es ist ratsam, sich auf wechselhaftes Wetter einzustellen. An der See ist es gut, einen warmen Pullover und eine Windjacke dabei zu haben.

Ich habe Konfektionsgröße 42/...	Jeg bruger størrelse 42/... jai bruer störrlse to o förre/...
Ich suche etwas Passendes hierzu.	Jeg søger noget passende hertil. jai sööer noed passene hertill.
Kann ich es anprobieren?	Kan jeg prøve den? ka jai pröwe den?
Das ist mir zu groß/klein/...	Den er for stor/lille/... til mig. den är for stoor/lille/... till mai.
Haben Sie das noch in einer anderen Farbe/...?	Har De den i en anden farve/...? har di den i en annen farwe/...?
Das gefällt mir.	Den kan jeg godt lide. den ka jai gott li.
Ich kaufe es.	Den tager jeg. den tar jai.
Können Sie mir das ändern?	Kan De ændre den til mig? ka di ändre den till mai?

Reinigung

Ich möchte die Hose/... reinigen/ bügeln lassen.	Jeg vil gerne have bukserne/... renset/presset. jai will gerne hä bugserne/... renset/presset.
Können Sie diesen Fleck entfernen?	Kan De fjerne den her plet? ka di fjerne den her plett?
Wann kann ich die Kleider abholen?	Hvornår kan jeg afhente tøjet? wornoor ka jai auhende teuet?

Abendkleid
aftenkjole
afdnkjoole
Anorak
vindjakke winnjagge
anprobieren
prøve pröwe
Anzug
sæt tøj sätt teu,
habit habitt
Badeanzug
badedragt bä'edragt
Badehose
badebukser
bä'ebugser
Bademantel
badekåbe bä'ekoobe
Bademütze
badehætte
bä'ehädde
Bikini
bikini
Blazer
blazer bleiser
Bluse
bluse
bügeln
stryge strüüe,
presse presse
Büstenhalter
bh beho
Farbe
farve farwe
Futter
for foor
Größe
størrelse
störrlse
Gürtel
bæltebälde

Halstuch
halstørklæde
halstörklä'e
Handschuhe
handsker
hannsger
Hemd
skjorte skjorde
Hose
bukser bugser
Hut
hat
Jacke
jakke jagge
Jeans
cowboybukser
kaubeubugser
Jogginganzug
joggingdragt
djoggingdragd
Kapuze
hætte hädde
Kleid
kjole kjoole
Knopf
knap knapp
Kostüm dragt
Kragen
krave krawe
Krawatte
slips
Lederjacke
læderjakke
lä'erjagge
Ledermantel
læderfrakke
lä'erfragge
Mantel
frakke fragge
Mütze hue

Nachthemd
natkjole
nattkjoole
Pelzjacke
pelsjakke pelsjagge
Pelzmantel
pels(-kåbe) pels(-kobe)
Pullover
sweater swetter
Pyjama
pyjamas püjamas
Reißverschluß
lynlås lüünloos
Rock
nederdel ne'erdeel
Schal
tørklæde törkle'e
Schlafanzug
natdragt
Socken
sokker sogger
Sommerkleid
sommerkjole
sommerkjoole
Strickjacke
strikjakke
Strümpfe
strømper strömber
Tuch
klæde klä'e
Unterhemd
undertrøje unnertreue
Unterhose
underbukser unnerbugser
Unterwäsche
undertøj unnerteu
Weste
vest west
Wildlederjacke
ruskindsjakke ruskinnsjagge

Schuhe

Ich möchte ein Paar Schuhe/...	Jeg vil gerne have et par sko/... jai will gerne hä et par sko/...
Ich habe Schuhgröße 38/...	jeg bruger nummer 38/... jai bruer nummer ode o trä'we/...
Sie sind zu groß/klein.	De er for store/små. di är for store/smoo.
Der Absatz ist mir zu hoch/niedrig.	Hælen er for høj/lav. hälen är for heu/läu.
Sie drücken hier.	De trykker her. di trügger her.
Geben Sie mir bitte eine passende Schuhcreme/...	Jeg vil gerne have en passende skosværte/... jai will gerne hä en pässene skoswärde/...

Schuhmacher

Ich möchte diese Schuhe neu besohlen lassen.	Jeg vil gerne have de her sko forsålet. jai will gerne hä di her skoo forsoled.
Bitte erneuern Sie die Absätze.	Jeg vil gerne have nye hæle. jai will gerne hä nüe hääle.

Wortliste Schuhe/Schuhmacher

Absatz
hæl hääl
Badeschuhe
badesko bä'eskoo
Einlegesohle
indlægssåler
innlägssooler
eng
snæver snäwer
Größe
nummer
Gummisohle
gummisål
gummisool

Gummistiefel
gummistøvler
gummistöuler
Halbschuhe
sko
Hausschuhe
hjemmesko
jemmeskoo
Ledersohle
lædersål
lä'ersool
Paar par
Sandalen
sandaler sandäler

Schuhcreme
skosværte
skoswärde
Schnürsenkel
snørebånd
snörebonn
Sohle
sål sool
Stiefel
støvle
stöule
Turnschuhe
gymnastiksko
gümnästikkskoo

Fotogeschäft

Würden Sie ein Bild von uns/mir machen?	Vil De tage et billede af os/mig? will di tä et bille ä oss/mai?
Ich möchte einen Schwarzweißfilm/ Farbfilm/Diafilm für diesen Fotoapparat/...	Jeg vil gerne have en sort-hvid film/farvefilm/ diafilm til det her fotografiapparat/... jai will gerne hä en sortwii film/farwefilm/ diafilm till de her fotografiapparat/...
Einen Film mit 36/... Aufnahmen bitte.	Jeg vil gerne have en film med 36/... billeder. jai will gerne hä en film mä sägs o tre'we/... bille'er.
Würden Sie mir bitte den Film einlegen?	Vil De lægge filmen i? will di lägge filmen ii?
Entwickeln Sie bitte diesen Film.	Jeg vil gerne have den her film fremkaldt. jai will gerne hä den her film fremkalld.
Ich möchte die Bilder in dem Format 10x15/...	Jeg vil gerne have billederne i format 10x15/... jai will gerne hä bille'erne i formät ti gange femmdn/...
Ich möchte gern 6/... Paßbilder.	Jeg vil gerne have 6/... pasbilleder. jai will gerne hä sägs/... passbille'er.
Wann kann ich die fertigen Bilder bekommen?	Hvornår kan jeg få billederne? wornoor ka jai fo bille'erne?
Können Sie diesen Fotoapparat reparieren?	Kan De reparere det her fotoapparat? ka di repareere de her fotoapparat?
Der Auslöser/... funktioniert nicht.	Udløseren/... fungerer ikke. u'löseren/... fungeerer igge.

Wortliste Fotogeschäft

Abzug
billede bille
Aufnahme
optagelse optäelse
Auslöser
udløser u'löser
Bild
billede bille,
foto
Blitzgerät blitz
Diafilm
diafilm
entwickeln
fremkalde fremkalle
Farbfilm
farvefilm farwefilm
Film film
Filmkamera
filmkamera
Format
format formät
Fotoapparat
fotoapparat
fotografieren
fotografere
fotografeere
Kamera
kamera
Negativ
negativ negatiiw
Negativfilm
negativfilm negatiwfilm
Paßbild
pasbillede passbille
Schwarzweißfilm
sort-hvid film
sortwii film
vergrößern
forstørre forstörre
Videokamera
videokamera
wideokamera

Juwelier/Uhrmacher

Ich möchte ein/-e/-en Armband/ Kette/Ring/...	Jeg vil gerne se på et armbånd/en kæde/en ring/... jai will gerne see po et armbonn/en kä'e/en ring/...
Was kostet der Ring/...?	Hvad koster ringen/...? wa koster ringen/...?
Wie hoch ist der Goldanteil?	Hvor mange karat er det? wor mange karaat är de?
Wie hoch ist der Silbergehalt?	Hvor stort er sølvindholdet? wor stoort är söllinnhollet?
Ich möchte etwas Preiswerteres/ Teureres kaufen.	Jeg vil gerne have noget billigere/dyrere. jai will gerne hä noed billiere/dürere.
Meine Uhr geht vor/nach.	Mit ur vinder/taber. mit uur winner/täber.
Bitte sehen Sie mal nach.	Vær venlig at se efter. wär wenli a see efter.
Wechseln Sie bitte die Batterie.	Vær venlig at skifte batteriet. wär wenli a skifde batteriied.

Wortliste Juwelier/Uhrmacher

ändern ændre ändre
Armband armbånd armbonn
Batterie batteri batterii
Brilliant brillant brilliant
Brosche broche brosje
Diamant diamant
Einzelstück unika
Gold guld gull
Halskette halskæde halskä'e
Karat karat
Kollier collier kolljee
Ohrring ørering örering
Perle perle
Platin platin
preiswert billig billi
Reparatur reparation reparasjoon
Ring ring
Silber sølv söll
Silberanteil sølvindhold söllinnholl
teuer dyr düür
Uhr ur uur
vergoldet forgyldt forgülld
versilbert forsølvet forsöllwed

Schreibwarengeschäft/Buchhandlung/Kiosk

i Ausländische Zeitungen und gängige Zeitschriften sind in allen großen Städten und Touristenzentren am Tag der Herausgabe oder einen Tag später erhältlich.

Ich möchte eine deutsche Zeitung/Zeitschrift/...	Jeg vil gerne have en tysk avis/et tidsskrift/... jai will gerne hä en tüsk awiis/et ti'sskrifd/...
Ich möchte einen Stadtplan von Kopenhagen/Reiseführer/...	Jeg vil gerne have et kort over København/en guidebog/... jai will gärne hä et kort ouer köbenhauen/en gaidbоou/...
Haben Sie deutsche/... Bücher?	Har De tyske/... bøger? har di tüske/... böjer?
Ich hätte gerne eine Ansichts-karte/Briefmarke/...	Jeg vil gerne have et postkort/frimærke/... jai will gerne hä et postkord/frimärke/...

Wortliste Schreibwaren/Buchhandlung/Kiosk

Ansichtskarte
postkort
Briefpapier
brevpapir
breeupapiir
Briefmarke
frimærke frimärke
Briefumschlag
konvolut konwolut
Buch bog boou
Buchhandlung
boghandel
boouhannel
Kiosk kiosk
Kugelschreiber
kuglepen kuulepenn
Notizblock
notesblok notesblokk
Schreibwarengeschäft
papirhandel papiirhannel
Sprachführer
parlør parlör
Straßenkarte
bykort bükort
Wörterbuch
ordbog orboou
Zeitschrift
tidsskrift ti'sskrifd
Zeitung
avis awiis

Souvenirs/Antiquitäten

Haben Sie Souvenirs von diesem Museum/Schloß/...?	Har De souvenirs fra dette museum/slot/...? har di suweniirs fra dette museum/slott/...?
Haben Sie etwas Typisches von dieser Gegend/...?	Har De noget typisk for denne egn/...? har di noed tüpisk for denne ain/...?
Ist das Handarbeit?	Er det håndarbejde? är de honnarbai'e?
Muß man dafür Zoll bezahlen?	Skal man betale told af det? skall man betäle toll a de?
Geben Sie mir/uns bitte ein/-e Echtheitszertifikat/Rechnung.	Jeg/Vi vil gerne have et bevis for ægtheden/ en regning. jai/wi will gerne hä et bewiis for äg'e'en/en raining.

Wortliste Souvenirs/Antiquitäten

Antiquität
antikvitet antikwiteet
Antiquitätengeschäft
antikvitetsforretning
antikwiteetsforrettning
Antiquariat
antikvariat antikwariät
Bernstein rav rau
echt ægte ägte
Farbe farve farwe
Geschenkartikel
gaveartikel gäweartikel
Glas glas glass
Handarbeit
håndarbejde
honnarbaide
Keramik
keramik keramikk
Kupfer
kobber kouer
liefern
levere leweere
Museum museum
Pfeife pibe piibe
Rechnung
regning raining
Reiseandenken
souvenir suweniir
Seide silke
Souvenir
souvenir suweniir
Stadt by büü
typisch typisk tüpisk
Vase vase wäse
Zertifikat
certifikat sertifikät

Damenfriseur

Können Sie mir einen guten Friseur empfehlen?	Kan De anbefale mig en god frisør? ka di änbefäle mai en go frisör?
Kann ich mich für Freitag/... anmelden?	Kan jeg bestille tid til fredag/...? ka jai bestille ti till fredä/...?
Ich möchte die Haare schneiden/ färben/tönen lassen.	Jeg vil gerne have håret klippet/farvet/tonet. jai will gerne hä hored klipped/farwed/toned.
Waschen Sie bitte meine Haare.	Jeg vil gerne have håret vasket. jai will gerne hä hored wasked.
Ich möchte eine Dauerwelle/ Strähnchen/...	Jeg vil gerne have en permanent/striber/... jai will gerne hä en permanent/striiber/...
Schneiden Sie bitte die Haare kurz/etwas kürzer.	Vær venlig at klippe håret kort/noget kortere. wär wenli a klippe hored kord/noed kordere.
Färben Sie mir bitte die Haare blond/...	Jeg vil gerne have håret farvet blond/... jai will gerne hä hored farwed blond/...
Bitte fönen Sie die Haare nach innen/außen.	Vil De føne håret indad/udad. will di föne hored inn ä/u ä.
Ich möchte den Scheitel in der Mitte/an der Seite.	Jeg vil gerne have skilning i midten/på siden. jai will gärne ha skillning i midden/po si'en.

Herrenfriseur

Schneiden Sie mir bitte die Haare.	Jeg vil gerne have håret klippet. jai will gerne hä hored klipped.
Die Ohren sollen frei sein.	Ørerne skal være fri. örerne skall wäre frii.
Nehmen Sie hinten/vorne/oben/an den Seiten noch etwas weg.	Vil De tage noget væk bagi/foran/ovenpå/på siden. will di tä noed wäk bäg i/for än/ouen po/po sien.
Rasieren bitte.	Jeg vil gerne barberes. jai will gerne barbeeres.
Den Bart/Schnurrbart bitte etwas stutzen.	Vær venlig at studse skægget/overskægget. wär wenli a stusse skägged/ouerskägged.

Maniküre/Pediküre

Ich möchte manikürt werden.	Jeg vil gerne have manicure. jai will gerne hä maniküre.
Ich möchte die Nägel kurz/lang/ spitz/rund.	Vil De lave neglene neglene korte/lange/ spidse/runde. will di läwe nailene korde/lange/spisse/runne.
Bitte tragen Sie farblosen/roten/... Lack auf.	Jeg vil gerne have klar/rød/... lak. jai will gerne hä klar/rö/... lakk.
Bitte nur polieren.	De skal kun poleres. di skall kunn poleeres.
Pediküre bitte.	Må jeg bede om pedicure. mo jai bee om pediküre.
Können Sie mir die Beine/Achseln enthaaren.	Kan De fjerne hårene på benene/under armene. kan di fjerne horene po beenene/unner armene.

Wortliste Körperpflege

anmelden
bestille tid
bestille tii
Bart
skæg
skäg
Damenfriseur
(dame)frisør
(däme)frisör
Dauerwelle
permanent
entfärben
affarve
aufarwe
färben
farve
farwe
Farbe
farve
farwe
farblos
farveløs farweloös,
klar
Fingernagel
fingernegl
fingernail
fönen
føne föne
frisieren
frisere
friseere
Frisur
frisure
frisüre
Haar
hår hor
Haare kämmen
rede håret
re'e hored
Haare schneiden
klippe håret
klippe hored

Haare waschen
vaske hår
wasge hor
Haarschnitt
klipning
klippning
Haarspray
hårspray
horspray
Herrenfriseur
herrefrisør
herrefrisör
Kinnbart
hageskæg
häeskäg
kurzkort
lang lang
legen
frisere
friseere
leicht
let lett

Locke
krølle krölle
Lockenwickler
curler
körler
Maniküre
manicure
mäniküre
Mitte
midte midde
Nacken
nakken naggen
Nagellack
neglelak
nailelakk
Pediküre
pedicure
pediküre
Perücke
paryk parükk
rasieren
barbere barbeere

rund
rund runn
Scheitel
skilning
skillning
schneiden
klippe
Schnurrbart
overskæg ouerskäg
Seite
side sii'e
spitz
spids spiss
stark
stærk stärk
tönen tone
toupieren
tupére tupeere
Vollbart
fuldskæg fullskäg
waschen
vaske waske

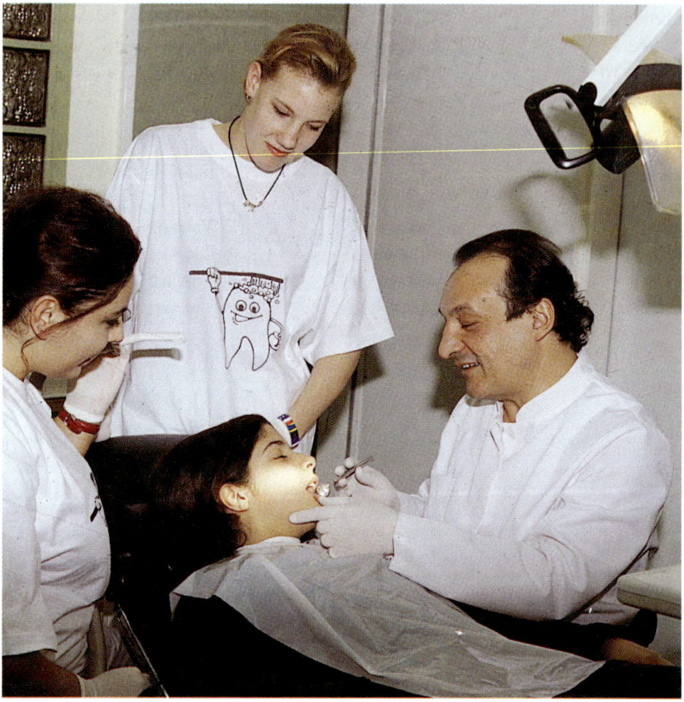

Gesundheit

i In Notfällen haben Touristen Anspruch auf kostenlose Behandlung. In ganz Dänemark gilt die Notrufnummer 112. Für gewöhnliche Arztbesuche ist der internationale Krankenschein E-111 angebracht.

Information

Können Sie mir einen guten Arzt/ Kinderarzt/... empfehlen?	Kan De anbefale mig en god læge/børnelæge/...? ka di anbefale mai en gō läje/börneläje/...?
Bitte geben Sie mir die Adresse von einem Kinderarzt/...	Vær venlig at give mig adressen på en børnelæge/... wär wenli a gi mai adressen po en börneläje/...
Wann hat der Arzt Sprechstunde?	Hvornår har Lægen konsultation? wornoor har läjen konsultasjoon?
Mein/-e Mann/Kind/Frau ist krank.	Min mand/mit barn/min kone er syg. min mann/mit barn/min kone er süü.
Können Sie bitte herkommen?	Kan De komme herhen? ka di komme herhenn?
Rufen Sie bitte einen Krankenwagen/Notarzt.	Vil De tilkalde en ambulance/natlæge. will di tillkalle en ambulangse/nattläje.
Ich bin bei der... Krankenkasse/ Versicherung krankenversichert.	Jeg er sygeforsikret hos ...-sygekasse/forsikring. jai är süüeforsikret hoss ...-süüekasse/forsikring.
Hier sind meine Krankenkassen-/Versicherungsunterlagen.	Her er mine sygekasse-/forsikringspapirer. her är miine süüekasse-/forsikringspapiirer.
Geben Sie mir bitte ein/-e ärzliches Attest/Arbeitsunfähigkeitsbescheinigung.	Vær venlig at give mig en lægeattest/ uarbejdsdygtighedserklæring. wär wenli a gi mai en läjeattest/ uarbais-dügtihe'serkläring.

Beim Arzt

Ich bin stark erkältet.	Jeg er stærkt forkølet. jai är stärkt forkölet.
Ich habe mich verletzt.	Jeg er kommet til skade. jai är kommet till skä'e.
Ich bin von einem Insekt/... gestochen/gebissen worden.	Jeg er blevet stukket/bidt af et insekt/... jai är bleet stukket/bitt ä et insekt/...
Ich bin gestürzt.	Jeg er faldet. jai ar fallet.
Ich habe mir den Arm/das Bein verstaucht/gebrochen.	Jeg har forstuvet/brækket armen/benet. jai har forstuwet/bräkket armen/beenet.
Ich habe mir den Fuß/... verrenkt.	Min fod/... er gået af led. min foo/... är goed ä lee.
Hier schmerzt es.	Det gør ondt her. de gör onnt her.
Ich habe Durchfall/Husten/...	Jeg har diarré/hoste/... jai har diarree/hooste/...

Ich habe mir den Magen verdorben. Jeg har spist noget, jeg ikke kunne tåle. jai har spiist noed, jai igge kunne toole.

Ich habe Kopfschmerzen/ Ohrenschmerzen/... Jeg har hovedpine/ørepine/... jai har howe'piine/örepiine/...

Mir wird oft übel/schwindelig. Jeg bliver ofte dårlig/svimmel. jai bliir ofte dorli/swimmel.

Ich kann die Hitze/Luft nicht vertragen. Jeg kan ikke tåle varmen/luften. jai ka igge toole warmen/lufden.

Ich bin allergisch gegen Penizillin. Jeg er allergisk over for penicillin. jai är alleergisk ouer for penisiliin.

Ich bin Diabetiker. Jeg er diabetiker. jai är diabetiker. Jeg har sukkersyge. jai har sukkersüüe.

Beim Zahnarzt

Können Sie mir einen guten Zahnarzt empfehlen? Kan De anbefale mig en god tandlæge? ka di anbefäle mai en go tannläje?

Ich habe Zahnschmerzen. Jeg har tandpine. jai har tannpiine.

Wenn ich etwas Kaltes/Warmes esse/trinke, tut mir dieser Zahn weh. Når jeg spiser/drikker noget koldt/varmt gør denne tand ondt. nor jai spiiser/drikker noed kolld/warmd gör denne tann onnt.

Dieser Zahn oben/unten/vorne/ hinten tut mir weh. Denne tand foroven/forneden/foran/ bagved gør ondt. denne tann for ouen/ forne'en/for ann/bä we gör onnt.

Dieser Zahn hat ein Loch. Den her tand har et hul. den her tann har et hull.

Die Füllung ist herausgefallen. Plomben er faldet ud. plomben är fälled.

Mir ist ein/-e Zahn/Krone abgebrochen. Jeg har brækket en tand/krone. jai har bräkked en tann/krone.

Bitte geben Sie mir eine/keine Betäubungsspritze. Vær venlig at/ikke at bedøve mig. wär wenli a/igge a bedöwe mai.

Reparieren Sie bitte die Prothese. Vil De reparere protesen. will di repareere proteesen.

Können Sie meinen Zahn provisorisch behandeln? Kan De behandle min tand provisorisk? ka di behännle min tann prowisorisk?

Im Krankenhaus

Sie müssen im Krankenhaus weiterbehandelt werden. De må viderebehandles på sygehuset. di mo wi'erebehännles po süüehuset.

Verständigen Sie bitte meine Familie/das deutsche/... Konsulat. Vær venlig at underrette min familie/det tyske/... konsulat. wär wenli a unnerredde min familje/de tüsge/... konsulät.

Hier sind der Name und die Adresse. Her er navn og adresse. her är naun o adresse.

Geben Sie mir bitte eine Schmerztablette/Schlaftablette/... Må jeg få en smertestillende tablet/sovetablet/...? mo jai fo en smertestillene tablett/souetablett/...?

Schwester, bitte helfen Sie mir.	Mette, vil du hjælpe mig. mette, will du jälpe mai.
Wann kommt der Arzt zur Visite?	Hvornår kommer lægen på stuegang? wornoor kommer läjen po stuegang?
Wann darf ich wieder essen/ trinken/aufstehen/ausgehen?	Hvornår må jeg spise/drikke/stå op/gå ud igen? wornoor mo jai spiise/drigge/sto op/go uu igenn?
Wann werde ich operiert?	Hvornår bliver jeg opereret? wornoor bliir jai opereeret?
Ich fühle mich schlecht.	Jeg har det dårligt. jai har de dorlitt. Jeg er utilpas. jai är utillpass.
Verständigen Sie bitte einen Arzt.	Vil du tilkalde en læge. will du tillkalle en läje.
Wie lange muß ich hier bleiben?	Hvor længe skal jeg blive her? wor länge skall jai bliie her?
Wie lautet die Diagnose?	Hvordan lyder diagnosen? wordann lü'er dianoosen?
Wann werde ich entlassen?	Hvornår bliver jeg udskrevet? wornoor bliir jai u'skrewet?
Geben Sie mir bitte eine Bescheinigung über die Dauer des Krankenhausaufenthaltes mit Diagnose.	Vær venlig at dokumentere mig varigheden af sygehusopholdet med diagnose. wär wenli a dokumenteere mai warihe'en ä süüehusophollet mä dianoose.

Wortliste Arzt/Zahnarzt/Krankenhaus

Allergie allergi
ansteckend smittende smiddene
Arzt læge läje
Atemnot åndenød onnenöö
Attest attest
Augenarzt øjenlæge euenläje
Bandscheibenschaden diskusprolaps
beißen bide bii'e, svide swiie
Biene bi bii
Blinddarmentzündung blindtarmsbetændelse blinntarmsbetännelse
Blutdruck blodtryk blo'trükk
bluten bløde blö'e
Blutgruppe blodgruppe blo'gruppe
Blutvergiftung blodforgiftning blo'forgifdning
Brandwunde brandsår brannsoor
Brechreiz opkastningsfornemmelse
Bruch brud bru
Diabetes diabetes diabetes
Diagnose diagnose dianoose
Durchfall diarré diaree
entlassen udskrive u'skriiwe
Entzündung betændelse betännelse
Erkältung forkølelse forkölelse
Fieber feber
Frauenarzt kvindelæge kwinneläje
Gehirnerschütterung hjernerystelse jernerüstelse
Gelbsucht gulsot gullsoot
Geschlechtskrankheit kønssygdom könssüüdom
Gesundheit sundhed sunnhee
Grippe influenza influennsa
Hals-Nasen-Ohrenarzt øre-næse-halslæge öre-näse-halsläje

Halsschmerzen
halssmerter halssmerder
Hautabschürfung
hudafskrabning
hu'au skraabning
Hautarzt
hudlæge hu'läje
Hautkrankheit
hudsygdom hu'süüdom
Herzanfall
hjerteanfald jerteanfall
Herzinfarkt
hjerteinfarkt jerteinfarkt,
blodprop blo'prop
Heuschnupfen
høfeber hööfeber
Hexenschuß
hekseskud heksesku
Hühnerauge ligtorn liitorn
Husten hoste hooste
Impfung
vaccination
waksinasjoon
Infektion
infektion
infeksjoon
Insekt insekt
Internist
læge i medicinske
sygdomme
läje i medisiinske
süüdomme
Ischias ischias iskias
Keuchhusten
kighoste kiihooste
Kinderarzt
børnelæge börneläje
Kollaps kollaps
Kopfschmerzen
hovedpine howe'piine
Krampf krampe
Krankenhaus
sygehus süüehuus,
hospital hospitääl
Krankenschwester
sygeplejerske
süüeplaiersge
Krankheit
sygdom süüdom
Krebs kræft kräft
Kreislaufstörung
kredsløbsforstyrrelse
kreeslöbsforstürrelse
Kreuzotter
hugorm huggorm
Krone krone
Lebensmittelvergiftung
madforgiftning
mä'forgiftning
Loch hul hull
Lungenentzündung
lungebetændelse
lungebetännelse
Magenschmerzen
mavesmerter mäwesmerder
Mandelentzündung
betændte mandler
betännte mannler,
angina angiina
Masern
mæslinger mäslinger
Migräne migræne migräne
Mittelohrentzündung
mellenørebetændelse
mellemörebetännelse
Mücke myg mügg
nervös nervøs nerwös
Neurologe neurolog
Nierenentzündung
nyrebetændelse
nürebetännelse
Ohnmacht
besvimelse beswiimelse
operieren operere opereere
Orthopäde
ortopæd ortopäd
Plombe plombe
Prellung stød stöö
Prothese protese
Quetschung
kvæstelse kwästelse
Rheuma reuma röjma
Röteln
røde hunde rö'e hunne
Scharlach
skarlagensfeber
skarläensfeber
Schlaflosigkeit
søvnløshed söunlöshee
Schlaganfall
slagtilfælde slautillfälle
Schlange slange
Schmerzen
smerter smerder
Schnittwunde
snitsår snittsoor
Schnupfen snue
Schwangerschaft
graviditet grawiditeet,
svangerskab swangerskäb
Schwellung
hævelse häwelse
Schwindel
svimmelhed swimmelhee
Seekrankheit
søsyge sösüüe
Sonnenbrand
solskoldning soolskollning
sonnengebräunt
solbrændt soolbrännd
Sonnenstich solstik soolstik
Sprechstunde
konsultation
konsultasjoon
Spritze sprøjte spreute
Starkrampf
stivkrampe stiukrampe
stechen stikke
stürzen
styrte stürde, falde falle
Tetanus
stivkrampe stiukrampe

Tuberkulose tuberkulose
Übelkeit kvalme kwalme
Unfall ulykke ulügge
Verbrennung forbrænding forbränning
vereitert bullen
Vergiftung forgiftning
Verletzung kvæstelse kwästelse
Verrenkung forvridning forwri'ning
Verstauchung forstuvning forstuwning
Visite stuegang
Wartezimmer venteværelse wentewärelse
Wespe hveps weps
Windpocken skoldkopper skollkopper
Wunde sår soor
Zahnarzt tandlæge tannläje
Zahnschmerzen tandpinetannpiine
Zuckerkrankheit sukkersyge sukkersüüe

Wortliste Körperteile

Arm arm
Auge øje eue
Bandscheibe diskus
Bauch mave mäwe
Bein ben been
Blase blære bläre
Blinddarm blindtarm blinntarm
Brust bryst brüst
Darm tarm
Daumen tommelfinger
Ellbogen albue
Finger finger
Fuß fod foo
Galle galde galle
Gelenk led lee
Gesicht ansigt
Hals hals
Hand hånd honn
Handgelenk håndled honnlee
Haut hud hu
Herz hjerte jerte
Hüfte hofte
Kiefer kæbe käbe
Kinn hage hääe
Knie knæ knää
Knochen knogle knoule, ben been
Kopf hoved howe
Leber lever lewer
Lippe læbe läbe
Lunge lunge
Magen mave mäwe
Mund mund munn
Muskel muskel
Nase næse näse
Niere nyre nüre
Oberschenkel lår lor
Ohr øre öre
Rippe ribben ribeen
Rücken ryg rüg
Schienbein skinneben skinnebeen
Schlüsselbein nøgleben neulebeen
Schulter skulder skuller
Trommelfell trommehinde trommehinne
Zahn tand tann
Zehe tå to
Zunge tunge

i In fast jedem Ort gibt es Apotheken. Ihre Öffnungszeiten entsprechen denen der Geschäfte. Außerhalb der Öffnungszeiten wird angegeben, welche Apotheke Bereitschaft hat. Das Angebot umfaßt Medikamente und Drogerieartikel.

Wo ist die nächste Apotheke?
Hvor er det nærmeste apotek?
woor är de närmeste apoteek?

Welche Apotheke hat Nachtdienst?
Hvilket apotek har nattevagt?
wilket apoteek har naddewagd?

Können Sie mir diese Medizin geben?
Kan De give mig denne her medicin?
ka di gi mai denne her medisiin?

Können Sie mir etwas gegen Kopfschmerzen/Sonnenbrand/... geben?
Kan De give mig noget mod hovedpine/solskoldning/...? ka di gi mai noed mo howe'piine/soolskollning/...?

Ich möchte ein/-en Fiebermittel/Hustensaft/...
Jeg vil gerne have et febersænkende middel/hostesaft/... jai will gerne hä et febersänkende mi'el/hoostesaft/...

Kann man es bedenkenlos Kindern geben?
Kan man uden videre give det til børn?
kan mann u'en wi'ere gi de till börn?

PÅ FASTENDE HJERTE
po fäästenne jerte
Auf nüchternen Magen

3 GANGE DAGLIG
tre gange dauli
3 x täglich

LÆGGES UNDER TUNGEN
lägges unner tungen
Im Munde zergehen lassen

TIL INDVORTES BRUG
till innwortes bruu
Zum Einnehmen

EFTER LÆGELIG ORDINERING
efter läjeli ordineering
Nach ärztlicher Vorschrift

TIL UDVORTES BRUG
till u'wortes bruu
Zur äußeren Anwendung

FØR MÅLTIDET
för molti'et
Vor dem Essen

EFTER MÅLTIDET
efter molti'et
Nach dem Essen

Wortliste Apotheke

Abführmittel
afføringsmiddel
auföringsmi'el
Alkohol
alkohol
Antibabypille
p-pille
Antibiotikum
antibiotikum
Apotheke
apotek apoteek
Brandsalbe
brandsalve
brannsalwe
Damenbinde
hygiejnebind
hügiainebinn
Desinfektionsmittel
desinfektionsmiddel
desinfeksjoonsmi'el
einnehmen
indtage inntä
Elastikbinde
elastikbind
elastikkbinn
Fiebermittel
febersænkende middel
febersänkenne mi'el
Fieberthermometer
termometer
Heftpflaster
hæfteplaster
häfteplaster
Hustensaft
hostesaft
hoostesaft
Insektenmittel
insektmiddel
insektmi'el
Jod
jod joo
Kamillentee
kamillete
Kopfschmerzen
hovedpine
howe'piine
Medikament
medikament
Medizin
medicin
medisiin
Nachtdienst
nattevagt
naddewagd
Nebenwirkung
bivirkning
biwirkning
Präservativ
preservativ
preserwatiiw
Rezept
recept resept
Salbe gegen...
salve mod...
salwe moo
Schlaftablette
sovetablet
souetablett
Schmerzmittel
smertestillende middel
smertestillenne mi'el
Schnellverband
førstehjælpsforbinding
förstejälpsforbinning
Tablette
tablet tablett
Tropfen
dråber
droober
Umschlag
omslag
ommsläj
Verband
forbinding
forbinning
Verbandszeug
forbindsager
forbinnsäjer
Watte
vat watt

Besichtigungen, Unterhaltung und Sport

i Ein so abwechslungsreiches Land wie Dänemark lädt zu vielen Ausflügen ein. In Kopenhagen bieten die Reisebüros organisierte mehrsprachige Stadt- und Hafenrundfahrten sowie Halb- und Ganztagesausflüge an. Auskunft erteilen die örtlichen Fremdenverkehrs- und Informationsbüros sowie die Rezeptionen der Hotels.

Ausflug/Besichtigung

Welche Sehenswürdigkeiten gibt es hier?	Hvilke seværdigheder findes der her? wilke sewärdihe'er finnes der her?
Wann ist der Ausflug nach Grenen/...?	Hvornår er udflugten til Grenen/...? wornoor är u'flugden till greenen/...?
Wann ist die Stadtrundfahrt/ Schiffsrundfahrt/...?	Hvornår er byrundturen/kanalrundfarten/...? wornoor är bürunnturen/kanäälrunnfarten/...?
Wie lange dauert der Ausflug/ die Stadtrundfahrt/...?	Hvor længe varer udflugten/byrundturen/...? wor länge warer u'flugden/bürunnturen/...?
Was kostet die Rundfahrt/...?	Hvad koster rundturen/...? wa koster runnturen/...?
Gibt es eine Ermäßigung für Kinder/Studenten/...?	Er der rabat for børn/studerene/...? är där rabatt for börn/studeerene/...?
Ich möchte das ... Schloß/die ... Kirche/das ... Museum/... besichtigen.	Jeg vil gerne besigtige ... Slot/... Kirken/... Museet/... jai will gerne besigtie ... Slot/... Kirken/... Museet/...
Wann ist Kronborg Slot/... geöffnet?	Hvornår er Kronborg Slot/... åbent? wornoor är kroonboor slot/... obent?
Gibt es hier eine Führung auf deutsch/englisch/...?	Er der rundvisning på tysk/engelsk/...? är der runnwiisning po tüsk/engelsk/...?
Wann beginnt die Führung?	Hvornår begynder rundvisningen? wornoor begünner runnwiisningen?
Haben Sie einen Katalog/Führer über...?	Har De et katalog/en rejsefører over...? har di et kataloou/en raiseförer ouer/...?
Darf man hier fotografieren?	Må man fotografere her? mo man fotografeere her?
Wann fahren wir zurück?	Hvornår kører vi tilbage? wornoor körer wi tillbäe?

Unterhaltung

Was kann man hier abends unternehmen?	Hvad kan man foretage sig her om aftenen? wa ka man foretäe sai her om afdenen?
Gibt es hier ein/-en Kino/ Nachtclub/...?	Er der en biograf/natklub/... her? är der en biograaf/nattklub/... her?
Haben Sie ein/-e Kasino/Diskothek hier?	Har I et kasino/diskotek her? har i et kasino/diskoteek her?
Wo kann man Jazz hören?	Hvor kan man høre jazz? woor ka man höre djääs?
Wo können wir hier tanzen gehen?	Hvor kan vi gå hen at danse? woor ka wi go henn a dänse?
Wieviel kostet der Eintritt?	Hvor meget koster det i entré? wor maied koster de i angtree?
Geben Sie mir/uns bitte ein Programm.	Må jeg/vi få et program. mo jai/wi fo et programm.
Wie lange dauert der Film/die Aufführung/das Konzert/...?	Hvor længe varer filmen/opførelsen/koncerten/...? wor länge warer filmen/opförelsen/konserten/...

Wortliste Ausflug/Besichtigungen/Unterhaltung

Altstadt gamle bydel gammle büdeel
Ausflug udflugt u'flugd
Ausgrabung udgravning u'grawning
Ausstellung udstilling u'stilling
besichtigen besigtige besigtie
Besichtigung besigtigelse besigtielse
Brücke bro broo
Brunnen brønd brönn
Burg borg
Denkmal mindesmærke minnesmärke
Diskothek diskotek
Dom domkirke dommkirke
Eintritt entré angtree
Ermäßigung rabat rabatt
Festung fæstning fästning
Film film
Fluß flod floo
Flüßchen å oo
fotografieren fotografere fotografeere
Fremdenführer guide gaid
Friedhof kirkegård kirkegoor
Führung rundvisning runnwiisning
Galerie galeri
Gemälde maleri mälerii
Gewölbe hvælving wälwing
Grab grav graau
Grünanlage grønt område grönt omro'e
Hafen havn haun
Halbinsel halvø hall öö
Hünengrab kæmpehoj kämpeheu
Innenstadt centrum senntrum
Insel ø öö

Kapelle
kapel kapell
Kathedrale
katedral
Kino
biograf
biograaf
Kirche
kirke
Kloster
kloster klosster
Konzert
koncert konsert
Kreidefelsen
kridtklint krittklint
Krypta
krypt krüpt
Küste
kyst küsst
Kuppel
kuppel
Markt
torv torw
Mühle
mølle mölle
Museum
museum
Nachtclub
natklub nattklub
Oper opera
Park park

Platz
plads plass
Programm
program programm
Rathaus
rådhus ro'huus
reservieren lassen
reservere
reserweere
Ruine
ruin ruiin
Rundfahrt
rundtur runntuur
Säule
søjle seule
Schaufenster
butiksvindue
butikswinndu
Schiffsrundfahrt
skibsrundfart
skibsrunnfart
Schloß
slot slott
Sehenswürdigkeit
seværdighed
sewärdihee
Stadt
by büü
Stadtrundfahrt
byrundtur
bürunntuur

Stadtteil
bydel büdeel
Stadtzentrum
centrum
senntrum
Statue
statue stätue
Sternwarte
observatorium
obserwatorium
tanzen
danse dänse
Theater
teater teäter
Tor port
Turm
tårn torn
Universität
universitet
uniwersiteet
Vergnügen
fornøjelse
forneuelse
Vorort
forstad forstä
Wanderdüne
vandreklit
wandreklitt
Zeitvertreib
tidsfordriv
ti'sfordriiw

Gibt es hier Sportveranstaltungen/ interessante Wanderwege/...?	Er der sportsstævner/interessante vandreveje/... her? är där sportsstäuner/interessante wandrewaie/... her?
Gibt es hier einen Tennisplatz/ Golfplatz/...	Er der en tennisbane/golfbane/... her? är här en tennisbäne/golfbäne/... her?
Wo gibt es Reitunterricht?	Hvor kan man få rideundervisning? woor ka man fo rii'eunnerwiisning?
Ich möchte angeln/... gehen.	Jeg vil gerne på fisketur/... jai will gerne po fisketuur/...
Ich möchte eine Fahrradtour/ Wanderung/... machen.	Jeg vil gerne tage på cykeltur/vandring/... jai will gerne tä po sükkeltuur/wandring/...
Wir möchten 1/...Stunde/-n Tennis/ ... spielen.	Vi vil gerne spille 1/... time/-r tennis/... wi will gerne spille een/... tiime/-r tennis/...
Ich möchte einen Surf/Golf/... -Kurs machen.	Jeg vil gerne have et surf/golf/...-kursus. jai will gerne hä et sörf/golf/...-kursus.
Wieviel kostet die Stunde/der Kurs?	Hvor meget koster det i timen/kurset? wor maied koster de i tiimen/kurset?
Kann ich mitspielen?	Kan jeg spille med? ka jai spille mä ?
Wann/Wo findet das Fußballspiel/ ... statt?	Hvornår/Hvor finder fodboldkampen/... sted? wornoor/woor finner fo'bollkampen/... ste?
Wo ist der Sportsplatz/die Sporthalle/...?	Hvor er sportspladsen/sportshallen/...? woor är sportsplassen/sportshallen/...?
Was kostet die Karte/der Eintritt/...?	Hvad koster billetten/entréen/...? wa koster biletten/angtreen/...?

i

Badestrände

Dänemark hat eine rund 5000 km lange, frei zugängliche Badeküste. Die Qualität des Badewassers ist überall von hohem Standard. Beim Baden, vor allem an der Nordseeküste, dürfen die Gefahren der Brandung und der Strömung nicht unterschätzt werden. Für das Baden oben ohne gibt es keine Vorschriften.

Gibt es hier einen Badestrand/...?	Er der en badestrand/... her? är der en bä'estrann/... her?
Ist dies ein Privatstrand?	Er det her en privat strand? är de her en priwät strann?
Darf man hier baden?	Må man bade her? mo man bä'e her?
Wie tief/warm/... ist das Wasser?	Hvor dybt/varmt/... er vandet? wor dübt/warmt/... är wannet?
Gibt es hier Strömungen/Quallen/...?	Er her strømninger/vandmænd/...? är her strömninger/wannmänn/...?
Ich möchte ein Boot/Surfbrett/... leihen/mieten.	Jeg vil gerne låne/leje en båd/et surfbræt/... jai will gerne lone/laie en boo/et sörfbrätt/...
Ich möchte eine Bootsfahrt/... machen.	Jeg vil gerne lave en sejltur/... jai will gerne läwe en sailtuur/...
Was kostet es pro Stunde/Tag/...?	Hvad koster det pr. time/dag/...? wa koster de per tiime/dä/...?

Angel
fiskestang
Angelhaken
fiskekrog
fiskekroou
angeln
fiske
Angelschein
fiskekort
Angelschnur
fiskesnøre
fiskesnööre
Badeort
badested
bä'este
Badetuch
badehåndklæde
bä'ehonnklä'e
Ball
bold boll
Boot
båd boo
Bowling
bowling bouling
Fahrrad
cykel sükel
fischen fiske
Freibad
friluftsbad friluftsbä
Golfplatz
golfplads golfplass
Gymnastik
gymnastik gümnastikk
Hallenbad
svømmehal
swömmehäll
Handball
håndbold honnboll
Hügel
bakke
Jagd jagt
joggen
jogge djogge
Karte
kort
Lauf
løb lööb
Mannschaft
hold holl,
mandskab
mannskäb
Meisterschaft
mesterskab
mesterskäb
Motorboot
motorbåd motorboo
Netz
net
Niederlage
nederlag ne'erlää
Pferd
hest hesst
Privatstrand
privat strand
priwäät strann
Programm
program
programm
radfahren
cykle sükle
Reiten
ridning ri'ning
reiten
ride rii'e
Reitweg
ridesti rii'estii
Rennpferd
væddeløbshest
wä'elöbshesst
Rettungsweste
redningsvest
re'ningswest
Sand
sand sann
Sauna
sauna
Schläger
ketcher ketsjer
Schlauchboot
gummibåd
gummiboo
schwimmen
svømme swömme
Schwimmflügel
svømmevinger
swömmewinger
segeln
sejle saile
Sieg
sejr saier
Ski
ski skii
Sonnenschirm
parasol parasoll
Spiel
spil spill
Sporthalle
sportshal
sportshall
Sportler/-in
sportsmand sportsmann,
sportskvinde sportskwinne
Sportplatz
sportsplads
sportsplass
springen
springe
Sprungbrett
trampolin trampoliin
Strand
strand strann
Strömung
strømning strömning

Surfbrett
surfbræt
sörfbrät
surfen
surfe sörfe
tauchen
dykke
dükke
Tauchgerät
dykkerudstyr
dükkeru'stüür
Tennis
tennis

Tennisplatz
tennisplads tennisplass
Tischtennis
bordtennis boortennis
trainieren
træne träne
turnen
gøre gymnastik
göre gümnastikk
unentschieden
aufgjort u au gjort
Unterricht
undervisning unnerwiisning

Volleyball
volleyball
wolliball
Wasserski
vandski vannskii
Wattwürmer
sandorm sann orm
Wettkampf
konkurrence
konkurangse
Wintersport
vintersport
wintersport

KUN FOR SVØMMERE
kun for swömmere
Nur für Schwimmer

BADNING FORBUDT
bä'ning forbutt
Baden verboten

Behörden und Bank

i

Ein- und Ausreiseformalitäten

Für einen Aufenthalt bis zu drei Monaten genügt in Dänemark für Staatsangehörige der Bundesrepublik Deutschland der Reisepaß oder der Personalausweis. Für einen längeren Aufenthalt benötigen Sie ein Visum. Reisende unter zehn Jahren müssen sich entweder mit einem Kinderausweis oder durch einen Eintrag im Paß eines Elternteils ausweisen. Haustiere dürfen nur unter Vorlage einer tierärztlichen Gesundheitsbescheinigung (Veterinary Health Certificate) sowie einer Tollwutimpfbescheinigung, die nicht älter als 15 Tage sein sollte, einreisen.

Ihre/-n Autopapiere/Paß/... bitte.	Må jeg se Deres bilpapirer/pas/... mo jai see deres biilpapiirer/pass/...
Haben Sie ein Visum/...?	Har De visum/...? har di wiisum/...?
Haben Sie ein Gesundheitszeugnis für Ihre/-n Katze/Hund/...?	Har De et sundhedsbevis for Deres kat/hund/...? har di et sunnhe'sbewiis for deres kät/hunn/...?
Ihr Paß/Visum ist abgelaufen.	Deres pas/visum er udløbet. deres pass/wiisum är u'löbet.
Was ist der Zweck Ihrer Reise nach Dänemark/...?	Hvad er formålet med Deres rejse til Danmark/...? wa är formolet mä deres raise till danmark/...?
Ich bin Tourist/Student/...	Jeg er turist/studerende/... jai är turist/studeerene/...
Ich gehöre zu der Reisegruppe ...	Jeg hører til rejsegruppen ... jai hörer till raisegruppen ...

GRÆNSE
gränse
Grenze

PASKONTROL
passkontroll
Paßkontrolle

TOLD
toll
Zoll

TOLDPLIGTIGE VARER
tollpligtie waarer
Zollpflichtige Waren

TOLDKONTROL
tollkontroll
Zollkontrolle

TOLDFRIE VARER
tollfriie waarer
Zollfreie Waren

Zoll

i Persönliche Gebrauchsartikel dürfen vom Reisenden zollfrei eingeführt werden. Eine mengenmäßige Einfuhrbeschränkung gibt es für alkoholische Getränke, Tabakwaren und einige andere Artikel.

Haben Sie etwas zu verzollen?	Har De noget at fortolde? har di noed a fortolle?
Nein, ich habe nichts zu verzollen.	Nej, jeg har ikke noget at fortolde. nai, jai har igge noed a fortolle.
Ja, ich habe etwas zu verzollen.	Ja, jeg har noget at fortolde. ja, jai har noed a fortolle.
Öffnen Sie bitte den Kofferraum/ Koffer/...	Vær venlig at åbne bagagerummet/kufferten/... wär wenli a obne bägäsjerummed/kofferden/...
Dafür müssen Sie Zoll zahlen.	Det skal De betale told af. de skall di betäle toll ä.
Das sind Reiseandenken.	Det er souvenirs. de är suwenirs.
Wieviel muß ich dafür zahlen?	Hvor meget skal jeg betale for det? wor maiet skall jai betäle for de?

Wortliste Einreise/Zoll

Ausfuhrzoll
udførselstold u'förselstoll
Einfuhrzoll
indførselstold
innförselstoll
Führerschein
kørekort körekort
Geschenk
gave gäwe
Gesundheitszeugnis
sundhedsbevis
sunnhe'sbewiis
Grenzübergang
grænseovergang
gränseouergang
Gültigkeit
gyldighed güldihee

Impfpaß
vaccinationskort
waksinasjoonskort
Konsulat
konsulat konsulät
Paß
pas pass
Paßkontrolle
paskontrol
passkontroll
Personalausweis
identitetsbevis
identitetsbewiis
Reiseandenken
souvenir suwenir
Staatsangehörigkeit
nationalitet nasjonaliteet

Versicherungskarte
forsikringskort
verzollen
fortolde fortolle
Visum
visum wiisum
zahlen
betale betäle
Zoll
told toll
Zollabfertigung
toldekspedition
tollekspedisjoon
zollfrei
toldfri tollfrii
zollpflichtig
toldpligtig tollpligti

Post

i Für Auslandspost sollte zusätzlich zur Briefmarke die Marke „A prioritaire", die eine schnelle Beförderung garantiert, verwendet werden.

Wo ist das/der nächste Postamt/ Briefkasten?	Hvor er det/den nærmeste posthus/postkasse? woor är de/den närmeste posthuus/postkasse?
Ist für mich (postlagernd) Post da?	Er der post (poste restante) til mig? är der post (poste restante) till mai?
Was kostet ein/-e Brief/Postkarte/... nach Deutschland/...?	Hvad koster et brev/postkort/... til Tyskland/...? wa koster et breeu/postkort/... till tüsklann/...?
Geben Sie mir bitte 1/... Briefmarke/-n zu 3.75/... kroner.	Jeg vil gerne have 1/... styk 3.75/... kroners frimærke/-r. jai will gerne hä et/... stükk tre kroner o femmohallfjers öres frimärke/-r.
Ich möchte dieses Paket nach Deutschland/... schicken.	Jeg vil gerne sende denne pakke til Tyskland/... jai will gerne senne denne pakke till tüsklann/...
Wie lange geht ein Brief/Paket/... nach Deutschland/...?	Hvor lang tid tager et brev/en pakke/... til Tyskland/...? wor lang tii tar et breeu/en pakke/ ... till tüsklann/...?

Telefon

i In Dänemark sind Telefonzellen mit Münz- und Kartentelefonen anzutreffen. Karten können in Läden, die mit einem Papagei gekennzeichnet sind, erworben werden. Für jeden Apparat ist die Anschlußnummer angegeben, so daß Sie sich auch anrufen lassen können. Dänische Telefonnummern bestehen aus acht Ziffern, die die lokale Vorwahlnummer beinhalten. Denken Sie beim Suchen im Telefonbuch daran: Die Buchstaben æ, ø und å stehen am Ende des Alphabets.

Die internationale Vorwahlnummer für

Dänemark:	0045
Deutschland:	0049
Österreich:	0041
die Schweiz:	0043

Geben Sie mir bitte eine/... Telefonkarte/-n.	Kan jeg få et/... telefonkort. ka jai fo et/... telefoonkort.
Wo ist die nächste Telefonzelle?	Hvor er den nærmeste telefonboks? woor är den närmeste telefoonboks?
Ich möchte nach Deutschland/... telefonieren.	Jeg vil gerne ringe til Tyskland/... jai will gerne ringe till tüsklann/...
Darf ich Ihr Telefon benutzen?	Må jeg låne telefonen? mo jai lone telefoonen?
Bitte verbinden Sie mich mit Herrn/Frau Sørensen/...	Vil de forbinde mig med hr/fru Sørensen/... will di forbinne mai mä herr/fru sörensen/...
Die Telefonnummer ist: ...	Telefonnummeret er: ... telefoonnummeret er: ...
Ich möchte ein R-Gespräch/Ferngespräch anmelden.	Jeg vil gerne bestille en modtager-betaler-samtale/ udenlandssamtale. jai will gerne bestille en mo'täer- betäler-samtäle/u'enlannssamtäle.
Ich möchte die Telefonnummer von Herrn/Frau ...	Jeg vil gerne have hr/fru ...´s telefonnummer. jai will gerne hä herr/fru ...´s telefoonnummer.
Die Leitung ist besetzt.	Der er optaget. der är optäer.
Es meldet sich niemand.	Der bliver ikke svaret. der bliir igge swaret.
Welche Nummer hat die nationale/ internationale Auskunft?	Hvilket nummer har den nationale/internationale oplysning? wilket nummer har den nasjonale/ internasjonale oplüüsning?
Ich möchte das Telefonbuch/die Vorwahlnummer von Köln.	Kan De give mig telefonbogen over/områdenummeret til Køln. ka di gi mai telefoonboouen ouer/omro'enummeret till köln.

Telegramm/Telefax

Wo ist der Schalter für Telegramme/Telefaxe/...?	Hvor er ekspeditionen af telegrammer/telefax/...? woor är ekspedisjonen ä telegrammer/telefaks/...?
Ich möchte ein Telefax nach Deutschland/... senden.	Jeg vil gerne sende en telefax til Tyskland/... jai will gerne senne en telefaks till tüsklann/...
Ich möchte ein Telegramm aufgeben.	Jeg vil gerne sende et telegram. jai will gerne senne et telegramm.

Wortliste Post/Telefon/Telegramm/Telefax

absenden
afsende ausenne
anrufen ringe op
aufgeben
sende senne
ausfüllen
udfylde
u'fülle
Auslandsgespräch
udenrigssamtale
u'enriissamtäle
auszahlen
udbetale u'betäle
besetzt
optaget optäet
Brief brev breeu
Briefkasten
postkasse
Briefmarke
frimærke
frimärke
Durchwahl
direkte valg
direkte wall

Eilbrief
ekspresbrev ekspressbreeu
Einschreiben
anbefalet änbefäled
Empfänger
modtager mo'täer
faxen faxe fakse
Formular
formular
frankieren
frankere
frankeere
Gebühr
gebyr gebür
Geldüberweisung
pengeanvisning
pängeanwiisning
Gewicht
vægt wägt
Kartenfernsprecher
korttelefon
Leitung
forbindelse forbinnelse
Luftpost luftpost
Münze
mønt mönt

Münzfernsprecher
mønttelefon mönttelefoon
Nachnahme
efterkrav efterkraau
Ortsgespräch
lokalsamtale lokälsamtäle
Päckchen
småpakke smopakke
Paket pakke
Porto porto
Post (-amt)
posthus posthuus
Postkarte postkort
postlagernd poste restante
Schalter
ekspedition ekspedisjoon
schicken
sende senne
Telefax
telefax telefaks
Telefonbuch
telefonbog telefoonboou
Telefonkarte telefonkort
Telefonnummer
telefonnummer
Telefonzelle telefonboks

Telegramm
telegram telegramm
Übergewicht
overvægt ouerwägd
verbinden
forbinde forbinne
Verbindung
forbindelse
forbinnelse
Vermittlung
formidling formi'ling
Vorwahl
områdenummer
omro'enummer
Wertangabe
værdiangivelse
wärdiiangiwelse
Zahlkarte
betalingskort
betälingskort
Zollabfertigung
toldekspedition
tollekspedisjoon
Zustellung
udbringning
u'bringning

Bei der Polizei

Wo ist die nächste Polizeiwache/...? Hvor er den nærmeste politistation/...? woor är den närmeste politistasjoon/...?

Mein Kind ist verschwunden. Mit barn er forsvundet. mit barn är forswunned.

Können Sie mir/uns bitte helfen? Kan De hjælpe mig/os? ka di jälpe mai/oss?

Ich möchte einen Diebstahl/Unfall/... anzeigen. Jeg vil gerne anmelde et tyveri/en ulykke/... jai will gerne anmelle et tüwerii/en ulügge/...

Mir ist die Handtasche/... gestohlen worden. Min håndtaske/... er blevet stjålet. min honntaske/... är bleet stjolet.

Mein Auto/... ist aufgebrochen worden. Min bil/... er blevet brudt op. min biil/... är bleet brutt op.

Ich bin betrogen/... worden. Jeg er blevet snydt/... jai är bleed snütt/...

Wo/Wann ist das passiert? Hvor/Hvornår er det sket? woor/wornoor är de skeet?

Wir werden der Sache nachgehen. Vi vil undersøge sagen. wi will unnersöe säen.

Wenden Sie sich bitte an das deutsche Konsulat/...

Vær venlig at henvende Dem til det tyske konsulat/... wär wenli a henwenne dem till de tüske konsulät/...

Ich möchte mit einem Anwalt/ meinem Konsulat/... sprechen.

Jeg vil tale med en sagfører/mit konsulat/... jai will täle mä min sauförer/mit konsulät/...

Ich brauche eine Bescheinigung für meine Versicherung.

Jeg skal bruge et bevis til min forsikring. jai skall bruue et bewiis till min forsikring.

Wortliste Polizei

anzeigen
anmelde anmelle, melde melle
aufbrechen
bryde op brü'e op
Auto
(automo)bil (automo)biil
belästigen
genere sjeneere
beschlagnahmen
beslaglægge beslaulägge
Diebstahl
tyveri tüüwerii
Erpressung
afpresning aupressning
Falschgeld
falske penge falsge pänge
Gefängnis
fængsel fängsel
Polizei
politi politii
Polizeibeamter
politibetjent
Polizeiwagen
politibil politibiil
Raub
røveri rööwerii
Rauschgift stoffer
Rechtsanwalt
advokat a'wokäät, sagfører sauförer
Schmuggel
smugleri smuulerii
Schuld
skyld sküll
Taschendieb
lommetyv lommetüu
Überfall
overfald ouerfall
Unfall
ulykke ulügge, uheld uhell
Verbrechen
forbrydelse forbrü'else
Vergewaltigung
voldtægt wolltägt
verhaften
arrestere arresteere
verlieren
tabe täbe
Zeuge
vidne wi'ne

Fundbüro

Wo ist das Fundbüro?

Hvor er hittegodskontoret? woor är hittegosskontoret?

Ich habe meinen Reisepaß/... verloren.

Jeg har tabt mit pas/... jai har tabt mit pass/...

Ich habe ... am Bahnhof/... liegenlassen.

Jeg har ladet ... ligge på banegården/... jai har lä'et ... ligge po bänegooren/...

Wenn ... gefunden wird, schicken Sie ... bitte an meine Adresse.

Hvis ... bliver fundet, bedes De sende ... til min adresse. wiss ... bliir funned be'es di senne ... till min adresse.

Hier ist meine Adresse.

Her er min adresse. her är min adresse.

Wortliste Fundbüro

Adresse adresse
Armbanduhr armbåndsur armbonsuur
Autoschlüssel bilnøgle biilneule
Brieftasche tegnebog taineboou
finden finde finne
Führerschein kørekort körekort
Fundbüro hittegodskontor hittegosskontor
Gegenstand genstand gennstänn
Geld penge pänge
Geldbörse pung
Handtasche håndtaske honntaske
Kamera kamera
Kette kæde kä'e
Personalausweis identitetskort
Reisepaß pas pass
Ring ring
schicken sende senne
Schlüssel nøgle neule
Tasche taske
Uhr ur uur
verlieren tabe täbe

Bank

i Münzeinheit ist die dänische Krone: 1 krone (dkr) = 100 øre. Die Ein- und Ausfuhr von Banknoten, Reiseschecks und anderen Zahlungsmitteln ist unbegrenzt.

Wo ist die nächste Bank/Sparkasse?	Hvor er den nærmeste bank/sparekasse? woor är den närmeste bank/sparekasse?
Ich möchte 100/... DM/... wechseln.	Jeg vil gerne veksle 100/... D-mark/... jai will gerne weksle hunner/... dmark/...
Wie ist der Kurs heute?	Hvordan er kursen i dag? wordann är kursen i dä?
Wieviele dänische Kronen bekomme ich für 100/... DM/...?	Hvor mange danske kroner får jeg for 100/... D-mark/...? wor mange danske kroner for jai for hunner/... dmark/...?
Ich möchte diesen Scheck/... einlösen.	Jeg vil gerne indløse den her check/... jai will gerne innlöse den her sjek/...
Haben Sie eine Geldanweisung für mich/uns erhalten?	Har De modtaget en pengeanvisning til mig/os? har di mo'täed en pängeanwiisning till mai/oss?
Bitte unterschreiben Sie hier.	Vær venlig at underskrive her. wär wenli a unnerskriiwe her.

Wortliste Bank

abheben
hæve häwe
auszahlen
udbetale
u'betäle
Bank
bank
Bankkonto
bankkonto
Bargeld
kontanter
Betrag
beløb belöb
Devisen
fremmed valuta
fremme waluta
Geld
penge pänge
Geldanweisung
pengeanvisning
pängeanwiisning
Geldautomat
pengeautomat
pängeautomäät
Geldschein
pengeseddel
pängese'el
Kasse
kasse
Kleingeld
småpenge smopänge
Kurs kurs
Münzen
mønter mönter
Quittung
kvittering kwiteering
Scheckkarte
checkkort sjekkort
Sparbuch
sparekassebog
spaarekasseboou
telegraphisch
telegrafisk
Überweisung
anvisning anwiisning
Unterschrift
underskrift unnerskrift
Währung
valuta waluta
Wechselkurs
vekselkurs wekselkurs
wechseln
veksle weksle

EXCHANGE
Geldwechsel

KASSE
Kasse

KURS
Wechselkurs

VALUTA
waluta
Devisen

Kurzgrammatik

Die Schrift

Das dänische Alphabet hat gegenüber dem deutschen am Ende drei zusätzliche Buchstaben: **æ, ø** und **å**. Es ist zu bemerken, daß in Texten aus der Zeit vor 1949 und wahlweise bei Eigen-namen **å = aa** geschrieben wird. Die Buchstaben **c**, **q**, **w** und **z** kommen nur in Fremdwörtern vor.

Die Aussprache

Im Vergleich zu anderen Sprachen liegt die Hauptschwierigkeit des Dänischen in der Aussprache, die von der Schriftsprache so stark abweicht, daß hierauf besonders eingegangen werden muß.

Die Vokale

a die Aussprache ist je nach Buchstabenverbindung verschieden, es wird aber häufig flacher und geschlossener als das deutsche **a** gesprochen und liegt damit zwischen **a** und **ä**.

e wie im Deutschen, in unbetonten Silben aber häufig so offen, daß es sich dem deutschen **ä** annähert (sprich „w**e**nden").

i wie im Deutschen, wenn es lang gesprochen wird, sonst mehr als **e**.

o wie im Deutschen.

u nähert sich dem deutschen **o**.

y wird wie das deutsche **ü** gesprochen.

æ wird etwas flacher als das deutsche **ä** gesprochen.

ø wird geschlossen als **ö** in „H**ö**fe" oder offen als **ö** in „n**ö**rdlich" ausgesprochen.

å ist mit einem sehr offenen **o** zu vergleichen, wie etwa in „Schl**o**ß".

Die Konsonanten

d wird nach oder zwischen Vokalen weich gesprochen wie im Englischen der „th“-Laut z. B. in „mother“. Die Zunge bleibt hinter den Zähnen, so daß der „**th**“-Laut extrem weich, fast nur angedeutet wird. Sie kennen sicherlich das Beispiel „rø**d**grø**d** me**d** flø**d**e“ (sprich: rö’grö me flö’e) = rote Grütze mit Sahne. Das **d** ist in den Verbindungen **ds**, **dt**, **nd** und **rd** in der Regel stumm (Beispiel: Tysklan**d**, sprich: tüsklann). Es ist zu empfehlen - der besseren Verständigung wegen - das **d** eher wegzulassen als hart auszusprechen.

f wie im Deutschen. In der Vorsilbe „**af-**“ wird es wie **u** gesprochen: „a**f**hente“ (sprich: a**u**hende) = abholen.

g wird weich, oft fast wie ein **j** gesprochen: „ka**g**e“ (sprich: kä**j**e) = Kuchen; es ist aber oft auch stumm. Beachten Sie die Aussprache der Personalpronomen: „je**g**“ = jai (ich), „mi**g**“ = mai (mich), „di**g**“ = dai (dich) und „si**g**“ = sai (sich).

h ist vor **j** und **v** stumm.

k wird wie **g** gesprochen.

p wird wie **b** gesprochen.

r wird oft nur angedeutet.

s ist **immer** stimmlos und entspricht dem deutschen **ß**.

t wird wie **d** gesprochen.

v wird wie das deutsche **w** gesprochen, nie als **v**.
Eine Besonderheit stellen die Doppellaute **av**, **ev**, **iv**, **ov**, **æv** und **øv** dar. In diesen Fällen wird **v** als **u** gesprochen: „ha**v**“= ha**u** (Meer), „bre**v**“= bree**u** (Brief), „li**v**“= lii**u** (Leben), „sko**v**“= sko**u** (Wald), „sy**v**“= sü**u** (sieben), „n**æ**vne“= nä**u**ne (nennen) und „stø**v**“= stöö**u** (Staub).

Für alle Konsonanten (außer **v** = **w**) gilt, daß sie im Anlaut (Wortbeginn) wie im Deutschen gesprochen werden.

Die Betonung

Mehrsilbige Wörter werden gewöhnlich auf der ersten Silbe betont.
Nur zu erwähnen ist eine Eigentümlichkeit der dänischen Sprache, der Stoßton. Wenn sie sich wundern, daß ein Däne z. B. das Wort „h**u**s“ spricht, als ob es zwei **u** beinhaltet, also „h**uu**s“, dann haben Sie den Stoßton entdeckt. Er kommt dadurch zustande, daß ein kurzer Stimmbandverschluß den Vokal „zerteilt“. In der Lautschrift wird er mit einem Doppelvokal gekennzeichnet.

Die Grammatik

Nach den etwas komplizierten Ausspracheregeln ist die dänische Grammatik um so einfacher.

Die Substantive

Im Gegensatz zur deutschen Sprache gibt es in der dänischen nur zwei Geschlechter: **commune** (gemeinsames Geschlecht) und **neutrum** (sächlich). Letzteres ist im Wörterbuch Deutsch-Dänisch mit „n“ gekennzeichnet.

Der unbestimmte Artikel

Er heißt im Singular:

commune:	**en**	**en** bil (ein Auto), **en** pige (ein Mädchen)
neutrum:	**et**	**et** hus (ein Haus), **et** år (ein Jahr)

Der bestimmte Artikel

Er lautet im Singular ebenso **en** bzw. **et**, wird aber hinten an das Substantiv angehängt:
bil**en** (das Auto), pig**en** (das Mädchen)
hus**et** (das Haus), år**et** (das Jahr)

Geht dem Substantiv ein Adjektiv voraus, verwendet man einen bestimmten Artikel: **den**, **det** und **de** (siehe Adjektive).

Der Plural wird für beide Geschlechter folgendermaßen gebildet:

unbestimmt

Anhängen von **-e**:	hus**e** (Häuser)
Anhängen von -(**e**)**r**:	pig**er** (Mädchen), bil**er** (Autos)
Ohne Endung:	år (Jahre)

bestimmt

Anhängen von -(**e**)**ne**:	bil**erne** (die Autos)
	pig**erne** (die Mädchen)
	hus**ene** (die Häuser)
	år**ene** (die Jahre)

Der **Genitiv** wird durch Hinzufügen von **-s** gebildet: pigen**s** bil (das Auto des Mädchens)

Die Adjektive

Ist das Substantiv unbestimmt und im Singular, hat das Adjektiv

commune keine Endung: en rød bil (ein rotes Auto)
neutrum die Endung **-t**: et stor**t** hus (ein großes Haus)

Ist das Substantiv sowohl im Singular als auch im Plural bestimmt, wird der entsprechende Artikel **den**, **det** oder **de** vorangestellt, und das Adjektiv erhält die Endung **-e**:

den rød**e** bil (das rote Auto)
det stor**e** hus (das große Haus)

de rød**e** biler (die roten Autos)
de stor**e** huse (die großen Häuser)

Die Steigerung

Die Adjektive werden folgendermaßen gesteigert:

Komparativ: Grundform plus **-ere**
Superlativ: Grundform plus -(**e**)**st**

dyr (teuer) dyr**ere** (teurer) dyr**est** (am teuersten)

Alle auf **-isk** und **-st** endenden Adjektive sowie alle drei- oder mehrsilbigen Wörter werden mit **mere** (mehr) und **mest** (am meisten) gesteigert:

frisk (frisch) **mere** frisk (frischer) **mest** frisk (am frischesten)

Die Verben

Auch hier haben Sie es leicht, da die Verben im Dänischen keine Personalendungen haben. Es gibt für jede Zeit nur eine Form.

Die Hilfsverben

Infinitiv	**Imperativ** (= Stamm)	**Präsens**	**Präteritum**	**Perfekt**
være (sein)	vær	er	var	har været
have (haben)	hav	har	havde	har haft

Anmerkung: han **har** været … (er ist … gewesen)

Infinitiv	ist der Stamm des Verbs mit der Endung **-e**	
Imperativ	ist der Stamm des Verbs ohne Endung	
Präsens	hat die Endung	**-(e)r**
Präteritum	hat die Endungen	**-ede** oder
		-te oder keine Endung
Perfekt	hat die Endung	**-(e)t**

Infinitiv	**Imperativ**	**Präsens**	**Präteritum**	**Perfekt**
sejle (segeln)	sejl	sejl**er**	sejl**ede**	har sejl**et**
købe (kaufen)	køb	køb**er**	køb**te**	har køb**t**
skrive (schreiben)	skriv	skriv**er**	skr**ev**	har skrev**et**

Das Passiv wird in der Umgangssprache durch Voransetzen des Verbs **bliver** (werden) gebildet:
Bilen **bliver** vasket. (Das Auto wird gewaschen.)
Bilen **blev** vasket. (Das Auto wurde gewaschen.)
Bilen er **blevet** vasket. (Das Auto ist gewaschen worden.)

In der Amtssprache wird das Passiv durch Anhängen der Endung **-s** an den Infinitiv gebildet:
Dørene lukke**s** klokken 5. (Die Türen werden um fünf Uhr geschlossen.)

Ebenso wird das Futur in der Umgangssprache mit Hilfe von Präsens und Zeitangabe gebildet:
Deg kommer i morgen. (Ich werde morgen kommen.)

Die Modalverben

Infinitiv	**Präsens**	**Präteritum**	**Perfekt**
burde (müssen, sollen)	bør	burde	burdet
kunne (können)	kan	kunne	kunnet
måtte (dürfen, müssen)	må	måtte	måttet
skulle (sollen)	skal	skulle	skullet
ville (wollen)	vil	ville	villet

Weitere Verben

betale (bezahlen)	betaler	betalte	betalt
bo (wohnen)	bor	boede	boet
finde (finden)	finder	fandt	fundet
forklare (erklären)	forklarer	forklarede	forklaret
forstå (verstehen)	forstår	forstod	forstået
få (bekommen)	får	fik	fået
hilse (grüßen)	hilser	hilste	hilst

købe (kaufen)	køber	købte	købt
leje (mieten)	lejer	lejede	lejet
møde (treffen)	møder	mødte	mødt
nå (erreichen)	når	nåede	nået
pakke (packen)	pakke	pakkede	pakket
rejse (reisen)	rejser	rejste	rejst
ringe (anrufen, klingeln)	ringer	ringede	ringet
se (sehen)	ser	så	set
sidde (sitzen)	sidder	sad	siddet
sige (sagen)	siger	sagde	sagt
snakke (reden)	snakker	snakkede	snakket
spørge (fragen)	spørger	spurgte	spurgt
søge (suchen)	søger	søgte	søgt
træffe (treffen)	træffer	traf	truffet
veksle (wechseln)	veksler	vekslede	vekslet
vide (wissen)	ved	vidste	vidst

Die Adverbien

Zu den wichtigsten Adverbien gehören die

Ortsadverbien

Eine Reihe von Ortsadverbien haben zwei Formen:
– die Grundform gibt eine Richtung an, man fragt „wohin?",
– die Grundform mit der Endung **-e** gibt einen Ort an, man fragt „wo?".

Vi kører **hjem**. (Wir fahren nach Hause.)
Vi er **hjemme**. (Wir sind zu Hause.)
De sejler **ud** til øen. (Sie segeln zur Insel hinaus.)
De er **ude** påøen. (Sie sind draußen auf der Insel.)

Weitere Ortsadverbien:

wohin?	**wo?**
bort (weg, fort)	borte (weg, fort)
hen (hin)	henne (dort)
ind (hinein, herein)	inde (innen)
ned (hinunter, herunter)	nede (unten)
op (hinauf, herauf)	oppe (oben)

Gradadverbien

lidt (ein wenig)	næsten (fast)
meget (viel, sehr)	omtrent (ungefähr)

Det var meget varmt i går. (Es war sehr warm gestern.)

Einige **bejahende** bzw. **verneinende Adverbien** sind:

ja (ja)	nej (nein)
jo (doch)	ikke (nicht)
også (auch)	desværre (leider)
alligevel (trotzdem)	heller ikke (auch nicht)
naturligvis (natürlich)	tværtimod (im Gegenteil)

Jeg vil ikke svømme i dag. (Ich will heute nicht schwimmen.)
Det vil jeg heller ikke. (Das will ich auch nicht.)

Zeitadverbien

af og til (ab und zu)	nu (jetzt)
aldrig (nie)	når (wenn)
allerede (schon, bereits)	ofte, tit (oft)
efterhånden (allmählich)	snart (bald)
endelig (endlich)	straks (sofort)
endnu (noch)	så (dann)
lidt efter lidt (nach und nach)	til sidst (zuletzt)

Vejret bliver efterhånden bedre. (Das Wetter wird allmählich besser.)

Adverbien der Art und Weise

Sie antworten auf die Frage „wie?“, z. B.: sådan (so). Diese Adverbien werden oft von einem Adjektiv abgeleitet und haben dann immer die Endung **-t**:

Han kører hurtig**t**. (Er fährt schnell.)

Die Personalpronomen

Sie haben im Gegensatz zum Deutschen nur drei Fälle: Nominativ, Objektkasus (im Deutschen Dativ/Akkusativ) und Genitiv.

Nominativ
jeg (ich), du (du), De (Sie), han (er), hun (sie), den (er, sie), det (es), vi (wir), I (Ihr), De (Sie), de (sie)

Beachten Sie: **han** und **hun** beziehen sich nur auf Personen, **den** und **det** bezeichnen Sachen bzw. Gegenstände.

Objektkasus
mig (mir, mich), dig (dir, dich), Dem (Ihnen, Sie), ham (ihm, ihn), hende (ihr, sie), os (uns), jer (euch), Dem (Ihnen, Sie), dem (ihnen, sie)

Vil du med **mig** til stranden? (Willst du mit mir zum Strand?)

Genitiv
Deres (Ihr, Ihre), hans (sein, seine), hendes (ihr, ihre), dens, dets (sein, seine), vores (unser, unsere), jeres (euer), Deres (Ihr, Ihre), deres (ihr, ihre)

Die besitzanzeigenden Pronomen

min, mit, mine (mein, meine)
din, dit, dine (dein, deine)
Deres (Ihr, Ihre)
sin, sit, sine (sein, seine, ihr, ihre)
hans (sein, seine)
hendes (ihr, ihre)
dens, dets (sein, seine)
vores (unser, unsere)
jeres (euer, eure)
deres (ihr, ihre)

Har I set **mine** badebukser?
(Habt ihr meine Badehose gesehen?)

Die Fragepronomen

Substantivisch heißen sie

bei Personen:	hvem	(wer, wem, wen)
im Genitiv:	hvis	(wessen)
bei Sachen:	hvad	(was)

Hvem kender vejen?	(Wer kennt den Weg?)
Hvis er den avis?	(Wessen Zeitung ist das?)
Hvad vil du spise?	(Was willst du essen?)

Adjektivisch heißen sie

		gängiger:
commune:	hvilket (welche/-r)	hvad for en (was für ein/-e)
neutrum:	hvilket (welches)	hvad for et (was für ein)
plural:	hvilke (welche)	hvad for nogen (was für welche)

Hvilken egn i Danmark synes De bedst om? (Welche Gegend in Dänemark gefällt Ihnen am besten?)
Hvad for et program så du i aftes? (Was für ein Programm sahst du gestern abend?)
Hvad for nogen bøger vil du låne? (Was für Bücher willst du leihen?)

Die Konjunktionen

Die beiordnenden Konjunktionen

og (und)	hverken … eller (weder … noch)
både … og (sowohl … als auch)	såvel … som (sowohl … als auch)
dels … dels (teils … teils)	men (sondern, aber)
eller (oder)	enten … eller (entweder … oder)
for (denn)	ikke blot … men også (nicht nur … sondern auch)

Han har **hverken** ringet **eller** skrevet.	(Er hat weder angerufen noch geschrieben.)
Efter turen var vi **både** trætte **og** sultne.	(Nach der Reise waren wir sowohl müde als auch hungrig.)

Die unterordnenden Konjunktionen

da (als)	indtil (bis)
efter at (nachdem)	mens (während)
for at (um zu)	når (wenn)
fordi (weil)	om (ob)
før (ehe)	siden (seit)
hvis (wenn)	så snart som (sobald wie)

Vi kommer igen **så snart som** muligt. (Wir kommen sobald wie möglich wieder.)
Hav det godt **indtil** vi ses igen. (Laß/-t es dir/euch gut gehen, bis wir uns wiedersehen.)

Die Präpositionen

Hier ist Vorsicht geboten, da die Präpositionen im Dänischen in vielen Fällen anders angewendet werden als im Deutschen.

af (aus)	om (über, von, in)
efter (nach)	omkring (herum)
for (für)	over (über)
fra (von, aus)	på (auf)
gennem (durch)	siden (seit)
hos, ved (bei, an)	til (zu, nach)
i (in)	uden (ohne)
med (mit)	under (unter)
mod (gegen)	ved siden af (neben)

Jeg går **i** banken.	(Ich gehe zur Bank.)
Jeg går **på** posthuset.	(Ich gehe zur Post.)
De kommer **om** en time.	(Sie kommen in einer Stunde.)

Die Wortstellung

Bei den zusammengesetzten Zeiten ist die Wortstellung im Dänischen anders als im Deutschen:
Vi har haft en dejlig ferie. (Wir haben einen schönen Urlaub gehabt.)

Lediglich Adverbien, z. B. ikke (nicht), werden zwischen Hilfs- und Hauptverb eingefügt:
Jeg har ikke været i Danmark før. (Ich bin früher nicht in Dänemark gewesen.)

Ortsbestimmungen stehen gewöhnlich am Ende eines Satzes, es sei denn, es kommt auch eine Zeitbestimmung vor:
Vi kører til København i morgen. (Wir fahren morgen nach Kopenhagen.)

Grammatikalische Fachausdrücke und ihre Bedeutung

Adjektiv	Eigenschaftswort: das **gute** Buch
Adverb	Umstandswort: die Frau spricht **fließend** Spanisch
Akkusativ	4. Fall/Wenfall: ich habe **den Mann** gesehen
Artikel	Geschlechtswort: **der** Mann, **die** Frau, **das** Kind
Dativ	3. Fall/Wemfall: ich gebe **ihm** das Buch
Deklination	Beugung von Substantiven und Adjektiven: die Adresse **des Hotels**
deklinieren	beugen von Substantiven und Adjektiven
Demonstrativpronomen	hinweisendes Fürwort: **diese** Stadt ist schön
Femininum	weibliche Form/weiblich: **die** Frau
Futur	Zukunftsform: ich **werde** dich anrufen
Genitiv	2. Fall/Wesfall: das Spielzeug **des Kindes**
Imperativ	Befehlsform: **Kommen Sie! Komm! Kommt!**
Infinitiv	Grundform: **kommen, essen**
Komparativ	1. Steigerungsstufe: **langsamer, schneller**
Konjugation	Beugung von Verben: **ich gehe**, **du gehst** usw.
konjugieren	beugen von Verben
Konsonant	Mitlaut: **b, k, l,** usw.
Maskulinum	männliche Form/männlich: **der** Mann
Negation	Verneinung
Neutrum	sächliche Form: **das** Kleid
Nominativ	1. Fall/Werfall: **der Reiseleiter** spricht Deutsch
Objekt	Satzergänzung: die Frau liest **den Roman**
Partizip	Mittelwort: **gegessen**
Perfekt	vollendete Gegenwart: **ich habe** den Brief geschrieben
Personalpronomen	persönliches Fürwort: **ich, du, er** usw.
Plural	Mehrzahl: **die Kinder**
Positiv	Grundform des Eigenschaftswortes: **schön, klein**
Possessivpronomen	besitzanzeigendes Fürwort: **mein, dein** usw.
Präfix	Silbe vor dem Wortstamm: **ge**mütlich
Präposition	Verhältniswort: **auf, in, von** usw.
Präsens	Gegenwart: **ich komme, er fährt**
Präteritum	Vergangenheitsform: Ich **rief** ihn an.
Pronomen	Fürwort: **er, sie** usw.
Singular	Einzahl: **das Kind, ein Haus**
Subjekt	Satzgegenstand: **der Mann** liebt die Frau
Substantiv	Hauptwort: das **Hotel**, der **Strand**
Suffix	Silbe nach dem Wortstamm: gemüt**lich**
Superlativ	2. Steigerungsform: Hans ist der **jüngste** Schüler
Verb	Zeitwort: **schlafen, kommen, gehen**
Vokal	Selbstlaut: **a, o, u** usw.

Wörterbuch Deutsch - Dänisch

A

ab (die Farbe geht ab) af ä;
(ab dem 1. Juli) fra
abbestellen afbestille aubestille
Abend aften afdn
Abendessen aftensmad afdnsmä
aber men menn
abfahren køre af sted köre ä ste, starte
Abfahrt afgang augang
Abfall affald aufall
abholen afhente auhende
ablehnen afslå au slo
abnehmen
(an Gewicht) tabe sig täbe sai
abreisen afrejse auraise
Abschied nehmen
tage afsked tä ausge
Abstand afstand austann
Achtung pas på pass pö
Adresse adresse
Agentur agentur n
Algen alger aljer
allein alene aleene
alles alt
allgemein almindelig alminneli
alt gammel
Alter alder aller
Amt (Behörde) kontor n
amüsieren more
an ved we
anbieten tilbyde tillbü'e
Andenken minde minne n
andere anden annen
Anfang begyndelse begünnelse
anfangen begynde begünne
angenehm behagelig behäeli
anhalten standse stannse
Anhalter blaffer
ankommen ankomme
Ankunft ankomst
Anlage anlæg anläg n
anlegen lægge til lägge till
anmachen (Licht, Gas) tænde tänne
anmelden anmelde anmelle
annehmen antage anntä
anprobieren prøve pröwe
anreden tiltale tilltäle
anrufen ringe op
Anschrift adresse
Ansicht (Meinung) betragtning
anstrengend anstrengende anstrengenne
Antwort svar swar n
antworten svare, sware
anzahlen betale forskud betäle forsku
Anzahlung udbetaling u'betäling
anziehen (Kleidung) tage på tä po
Apotheke apotek apoteek n
Apparat apparat n
Apartment lejlighed lailihee
Arbeit arbejde arbaide n
arbeiten arbejde arbaide
arm fattig faddi
Art art
Arzt læge läje
auch også osse
auf på po
aufbewahren opbevare opbeware
Aufenthalt ophold opholl n
aufhören holde op holle op
aufmachen åbne obne
aufpassen passe på passe po
Aufschnitt pålæg poläg n
Aufschrift (Schild) indskrift innskrifd
aufstehen stå op sto op
auf Wiedersehen
farvel farwell
aus af ä
aus fra

Ausfahrt udkørsel u'körsel
Ausflug udflugt u'flugd
Ausgang udgang u'gang
ausgeben give ud gi uu
ausgehen gå ud go uu
Auskunft oplysning oplüsning
Ausland udland u'lann n
Ausländer udlænding u'länning
Auslandsgespräch udenrigssamtale u'enriissamtäle
ausleihen udlåne u'lone
Ausnahme undtagelse unntäelse
auspacken pakke ud pagge uu
ausreisen rejse ud raise uu
außen (von außen) udvendig u'wendi; **(nach außen)** udenfor u'enfor
Aussicht udsigt u'sigt
Aussprache udtale u'täle
aussprechen udtale u'täle
Ausstattung udstyr u'stür n
ausverkauft udsolgt u'solld
Ausweis pas pass n
ausziehen (Kleidung) klæde af klä'e ä
ausziehen (Wohnung) flytte flüdde
Auto (automo)bil (automo)biil

B

Baby baby beibi
Bad bad bä n
baden bade bä'e
Badeort badested bä'este n
Bahn bane bäne
bald snart
Ball (Sport) bold boll
Ball (Tanz) bal ball n
Bank (Geldinstitut) bank
bar zahlen betale kontant betäle kontant
Batterie batteri batterii n
Bauernhof bondegård bonnegor
Baum træ trä n
beachten respektere respekteere
Beanstandung klage kläe
bedauern beklage bekläe
bedeuten betyde betü'e
Bedeutung betydning betü'ning
bedienen betjene betjäne
Bedienung betjening
beeilen (sich) skynde sig skünne sai
befreundet sein være venner wäre wenner
begegnen møde mö'e
Begegnung møde mö'e n
begleiten ledsage le'säe
begrüßen hilse på hillse po
Begrüßung hilsen hillsen
behalten beholde beholle
behindert handicappet händikapped
Behinderung handicap händikap n
Behörde myndighed münndihee
bei hos hoss
Beifall bifald bifall n
Beispiel eksempel n
beißen bide bii'e
bekannt kendt kennt
Bekannte/-r bekendt bekennt
bekommen få foo
belästigen genere sjeneere
Beleg bevis bewiis n
beleidigen fornærme fornärme
benutzen benytte benütte
beobachten iagttage iagttäe
bequem bekvem bekwemm
bereit parat
Berg bjerg bjär n
Beruf erhverv erwerw n
beruhigen berolige beroolie
berühmt berømt berömmt
Besatzung besætning besättning
beschädigen beskadige beskä'ie
Bescheinigung attest
beschreiben beskrive beskriiwe
Beschreibung beskrivelse beskriiwelse
Beschwerde klage kläe
besetzt optaget optäet

besichtigen besigtige besigtie
Besichtigung besigtigelse besigtielse
Besitzer ejer aier
besonders især isäär
besorgen besørge besörre
bestellen bestille
Bestellung bestilling
bestimmt bestemt bestemmt
Besucher besøger besöer
besuchen besøge besöe
beten bede bee
betrügen bedrage bedrae
Betrug bedrag bedraa n
betrunken fuld full
Bett seng säng
bewegen bevæge bewäe
Beweis bevis bewiis n
beweisen bevise bewiise
bewundern beundre
bezahlen betale betäle
bieten byde bü'e
Bild (Foto) foto n
Bild (Gemälde) maleri mälerii n
billig billig billi
bis til till
bitte (Aufforderung) vær så venlig wär so wenli
bitte (Antwort auf Dank) velbekomme wellbekomm
Bitte bøn bönn
bitten bede bee
bitter bitter
bleiben blive bliiwe
blind blind blinn
Blume blomst blommst
Blumenstrauß buket bukett
Boden bund bunn
Bord (an Bord) om bord omboor
Botschaft budskab bu'skäb n
Botschaft (Behörde) ambassade ambassä'e
Brand brand brann
braten stege staie
brauchen behøve behöwe
breit bred bree
brennen brænde bränne
Brief brev breeu n
Brille briller
bringen (hin-) bringe
bringen (her-) hente hennte
Bruder bror broor
Buch bog boou
buchen reservere reserweere
Buchhandlung boghandel bouhannel
Bucht bugt
bügeln stryge strüüe
Büro bureau büro n
bunt spraglet sprauled
Bus (Stadtbus) bus buss; **(Überlandbus)** rutebil ruutebiil

C

Café café
Camping camping kämping
Charterflug charterfly sjarterflü n
Chauffeur chauffeur sjoför
Chef chef sjääf

D

da (dort) der där
da (hier) her här
Dänemark Danmark
Däne dansker
damals dengang denngang
Dame dame däme
Damenfriseur frisør frisör
danach derefter där efter
danken takke
Datum dato däto
Dauer varighed waarihe
dauern vare waare
Decke (Bett) dyne düne

Decke (Zimmer) loft n
defekt defekt
dein din diin
denken tænke tänke
Denkmal
mindesmærke minnesmärke n
deshalb derfor
deutsch tysk tüsk
Deutsche/-r tysker tüsker
Deutschland Tyskland tüsklann
dich dig dai
dick tyk tükk
Dienst tjeneste
diese denne
Ding ting
dir dig dai
doppelt dobbelt
Dorf landsby lannsbüü
dort der deer
Dose dåse dose
Draht tråd tro
draußen udenfor u'enfor
dreckig snavset snauset
dringend
overhængende ouerhängene
Drogerie materialist
Drogerieartikel parfumeriartikler
parfümeriiartikler
drücken trykke trükke
du du
dumm dum dumm
dunkel mørk mörk
dünn tynd tünn
durch gennem
dürfen må moo
Durst haben være tørstig wäre törsdi

E

echt ægte ägte
Ecke hjørne jörne n
Ehefrau kone
Ehemann mand mann
Ehepaar ægtepar ägtepar n
Ehre ære äre
Eigentümer ejer aier
eilig hurtig hurti
einfach enkelt
Einfahrt indkørsel innkörsel
Einführung indførelse innförelse
Eingang indgang inngang
einheimisch indfødt innfööt
einige nogen noen
einkaufen købe ind köbe inn
einladen indbyde innbü'e
Einladung indbydelse innbü'else
einreisen indrejse innraise
Einreise indrejse innraise
einsam ensom eensom
einschalten tænde tänne
einschenken skænke skänke
einschlafen falde i søvn falle i söun
einsteigen stige ind stiie inn
eintragen skrive ind skriiwe inn
Eintritt adgang a'gang
Einwohner beboer
einzeln enkelt
Eis is iis
Eisenbahn jernbane jernbäne
elegant elegant
Eltern forældre forälldre
Empfang modtagelse mo'täelse
empfangen modtage mo'täe
Empfänger modtager mo'täer
empfehlen anbefale annbefäle
empfindlich ømfindtlig ömmfindli
Ende slutning sluttning
eng snæver snäwer
Enkel/-in barnebarn n
Entfernung afstand austann
entscheiden afgøre augöre
entschuldigen undskylde unnskülle
Entschuldigung undskyldning
unnsküllning
Entschuldigung! undskyld! unnsküll
enttäuscht skuffet

er han hann
Erde jord joor
Erdgeschoß stueetage stue etäsje
ereignen ske skee
Erfolg succes süksee
erforderlich nødvendig nö'wenndi
Erfrischung forfriskning
Ergebnis resultat resultäät
erhalten få, modtage fo, mo'täe
erholen (sich) komme sig komme sai
Erholung rekreation
erinnern erindre erinndre
erkälten forkøle forköle
erkennen kende indse kenne, innsee
erklären forklare
erkundigen spørge spörre
erlauben tillade tillä'e
Erlaubnis tilladelse tillä'else
erledigen besørge besörre
Ermäßigung nedsættelse ne'sättelse
Eröffnung åbning obning
erreichen opnå opnoo
erpressen afpresse aupresse
Ersatzteil reservedel reserwedeel
erster første förste
erschrecken forskrække forskräkke
ersetzen erstatte
ertragen tåle toole
Erwachsene/-r voksen woksen
erwarten forvente forwennte
erzählen fortælle fortälle
Erziehung opdragelse oppdraelse
es det de
Esel æsel äsel n
essen spise spiise
Essen mad mä
etwas noget noet
euch jer
euer jeres jeeres
Europa Europa
Europäer/-in europæer europäer

F

Fabrik fabrik
Fachmann fagmand faumann
Faden tråd troo
fahren køre köre
Fahrer chauffeur sjoför
Fahrgast passager passasjeer
Fahrkarte billet bilett
Fahrrad cykel sükel
Fahrradlenker
cykelstyr sükelstüür n
Fahrstuhl elevator elewätor
Fahrt tur tuur
fallen falde falle
falsch forkert forkeert
falsch (Geld) falske
Familie familie
Farbe farve farwe
fast næsten nästen
faul doven douen
fehlen mangle
Fehler fejl fail
feiern feste
Feiertag helligdag hellidä
Feld felt fellt n
Feld (Acker) mark
Felsen klippe
Fenster vindue winndu n
Ferien ferie
Ferienhaus feriehus feriehuus n
Ferienwohnung
ferielejlighed ferielailihee
Fernglas kikkert
fertig færdig färdi
Fest fest
Festtag festdag festdä
fett fed fee
Fett fedt fett n
feucht fugtig fugti
Feuer ild ill
Feuerlöscher ildslukker illslugger
Feuerwehr brandvæsen brannwäsen n

Feuerzeug lighter laiter
Filiale filial filiäl
Film film
finden finde finne
Fisch fisk
fischen fiske
Flasche flaske
Fleisch kød köö n
fleißig flittig fliddi
Fliege flue
fliegen flyve flüwe
fließen flyde flü'e
Flüssigkeit væske wäske
Flug flyvning flüwning
Flughafen lufthavn lufthaun
Flugzeug flyvemaskine flüwemaskine
Fluß flod flo
Flüßchen å oo
folgen følge följe
Fotoapparat fotoapparat n
Fotogeschäft fotoforretning
fotografieren fotografere fotografeere
Fräulein frøken fröken
Frage spørgsmål spörsmool n
fragen spørge spörre
Frau fru
Frau (Ehe-) kone
frei fri frii
fremd fremmed fremme
Fremde/-r fremmed fremme
Fremdenverkehrsbüro/-amt turistbureau turistbüro n
freuen glæde glä'e
Freund/-in ven/-inde wenn/-inne
freundlich venlig wenli
frieren fryse früüse
frisch frisk
früh tidlig ti'li
frühstücken spise morgenmad spiise mornmä
fühlen føle föle
führen føre före
Führer fører förer
Führerschein kørekort körekort n
für for, til till
Fundbüro hittegodskontor hittegosskontor n
Fußboden gulv gull n
Fußgänger fodgænger fo'gänger

G

ganz hel heel
Garderobe garderobe
Garten have häwe
Gast gæst gäst
Gastfreundschaft gæstfrihed gästfrihee
Gastgeber/-in vært/-inde wärt/-inne
Gasthof kro kroo
Gastronomie gastronomi
Gebäude bygning bügning
geben give gi
Gebiet område omro'e n
Gebirge bjerge
gebraucht brugt
Geburtstag fødselsdag föselsdä
gefährlich farlig farli
Gefängnis fængsel fängsel n
Gefahr fare
gefallen faldet fallet
Gefühl følelse fölelse
gegen (wider) mod moo
gegen (zeitlich) henimod henn imoo
Gegend egn ain
Gegenstand genstand gennstann
Gegenteil modsætning mo'sätning
gehen gå goo
gehören tilhøre tillhöre
Gelände terræn terräng n
Geld penge pänge
Geldstrafe bøde bö'e
gelten gælde gälle
gemeinsam fælles fälles
gemischt blandet blanned
gemütlich hyggelig hüggeli

genau nøje neue
genießen nyde nü'e
genug nok
geöffnet åben oben
Gepäck bagage bägäsje
gerade lige liie
Garage garage garasje
Geräusch støj steu
Gericht ret
gern gerne
Geruch lugt
Geschäft forretning
Geschenk gave gäwe
Geschichte historie
geschlossen lukket
Geschmack smag smääj
Geschwister søskende sösskenne
Gesetz lov lou
Gespräch samtale samtäle
gestatten tillade tillä'e
gestern i går i gor
gesund sund sunn, rask rask
Gesundheit sundhed sunnhee
Getränk drikke
Getränkekarte vinkort wiinkort n
getrennt adskilt a'skilt
Gewicht vægt wägt
gewinnen vinde winne
Gewohnheit vane wäne
gibt es er der är der
giftig giftig gifdi
Glas glas glass n
Glaube tro troo
glauben tro troo
gleich (ähnlich) lig lii
gleich (zeitlich) straks
Glück lykke lügge
glücklich lykkelig lüggeli
Glückwunsch lykønskning lügönsgning
Gold guld gull n
Gott gud gu
Grad grader graa'er
Grammatik grammatik
gratis gratis
gratulieren gratulere gratuleere
Grenze grænse gränse
Größe størrelse störrelse
groß stor stoor
Grünanlage park
grüßen hilse
Grund grund grunn
gültig gyldig güldi
günstig gunstig gunnsti
gut god goo
Gutschein tilgodeseddel tilgo'ese'el

H

haben have hä
halb halv hall
Hälfte halvdel halldeel
hängen hænge hänge
häßlich grim grimm
häufig ofte, tit
halt! stop!
halten standse stannse
Hand hånd honn
Handtasche håndtaske honntaske
hart hårdt hort
Hauptstadt hovedstad howe'sta
Haus hus huus n
Haushaltsartikel husholdningsartikel hushollningsartikel
Heft hæfte häfte n
heilig hellig helli
Heimat hjemstavn jemmstaun
Heimreise hjemrejse jemmraise
heiraten gifte sig gifte sai
heiß varm warm
heißen hedde, he'e
heizen opvarme, opwarme
helfen hjælpe jällpe
hell lys lüüs
herein! kom ind! komm inn!
Herr hr.; herr

Herrenfriseur frisør frisör
herzlich hjertelig järteli
heute i dag i dä
hier her
Hilfe hjælp jälp
Himmel himmel
hinten bagved bä we
hinterlegen deponere deponeere
Hobby hobby hobbi
hoch høj heu
Hochzeit bryllup brüllub n
höflich høflig höfli
hören høre höre
Hof gård gor
hoffen håbe hobe
hoffentlich forhåbentlig forhobentli
holen hente hennde
Holz træ trä n
Honorar honorar n
Hotel hotel n
hübsch køn könn; pæn pään
Hund hund hunn
Hunger sult
husten hoste hooste

I

ich jeg jai
Idee idé idee
ihm ham
ihn ham
ihnen dem
ihr (Nom. Pl.) i; **(Dat. Sg.)** hende henne; **(Poss. Pron.)** hendes hennes; **(Pl.)** deres
Imbiß mellemmåltid mellemmolti n
immer altid allti
Immobilien ejendom aiendomm
impfen vaccinere waksineere
in i
Information information informasjoon
informieren informere informeere
Inhalt indhold innholl n
Inland indland innlann n
Innenstadt centrum senntrum n
Insekt insekt n
Insel ø öö
interessant interessant
Interesse interesse
interessieren interessere interesseere
irren tage fejl tä fail
Irrtum fejltagelse failtäelse

J

jährlich årlig orli
ja ja jä
Jahr år or n
Jahreszeit årstid orsti
jede enhver enwäär
jemand nogen noen
jetzt nu
Jugend ungdom
jung ung
Junge dreng
Juwelier juveler juweleer

K

Kabel kabel käbel n
Kabine kahyt kahütt
Käufer køber köber
Kaffee kaffe
kalt koldt kollt
Kanal kanal kanäl
kaputt itu ituu
Karte kort n
Kasse kasse
Katze kat
kaufen købe köbe
Kaufmann købmand köbmann
Kaugummi tyggegummi tüggegummi n

kaum næppe; näppe
Kaution kaution kausjoon
kein ingen
kennen kende kenne
kennenlernen lære at kende läre ä kenne
Kerze lys lüüs n
Kette kæde, kä'e
Kind barn n
Kino biograf
klar klar
Klasse klasse
Kleidung beklædning beklä'ning
klein lille
Klima klima n
klingeln ringe
klug klog kloou
Knopf knap
kochen koge kooue
kochen (Essen machen)
lave mad läwe mä
König konge
Königin dronning
können kunne
Körper krop
Körperpflege kropspleje krops plaie
Körperteil legemsdel läemsdeel
Kohle kul kull n
Kollege kollega
kommen komme
kompliziert kompliceret kompliseeret
Kondom kondom n
Konsulat konsulat konsulät n
Kontakt kontakt
kontrollieren kontrollere kontroleere
Kopf hoved howe n
Kopie kopi kopii
korrigieren korrigere korrigeere
korrekt korrekt
Kosten (Pl.) udgifter u'gifter
kostenlos gratis
krank syg süü
Krankenhaus sygehus süehuus n
Krankenschwester sygeplejerske
süeplaiersge
Krankenwagen ambulance ambulangse
Kreuzung kryds krüss n
Krieg krig krii
Küche køkken köggen n
kühl kølig kööli
kühlen køle köle
Künstler kunstner
küssen kysse küsse
Küste kyst küsst
Kultur kultur
Kunde kunde kunne
Kurs (Lehrgang) kursus n;
(Geld, Richtung) kurs
kurz kort

L

lachen le lee
Laden forretning
Lärm larm
lästig besværlig, beswärli
Lampe lampe
Land land lann n
landen lande lanne
Landsmann landsmand lannsmann
Landwirt/-in landmand lannmann
Landwirtschaft landbrug lannbruu n
lang lang
langsam langsom
langweilig kedelig ke'eli
lassen lade la
laufen løbe löbe
laut høj, støjende heu, steuene
leben leve lewe
Leben liv liu n
Lebensmittel levnedsmiddel n
lewne'smi'el
Lebewohl farvel farwell n
Leder læder lä'er n
ledig fri frii
leer tom tomm
legen lægge lägge

lehren lære läre
Lehrer/-in lærer lärer
leicht let lett
leider desværre deswärre
leihen låne lone
Leihgebühr lånegebyr lonegebür n
leise sagte sääte
Leiter stige stiie
Leiter/-in leder le'er
Lenkrad (Auto) rat ratt n
lernen lære läre
lesen læse läse
letzte sidste sisde
Leute folk
Licht lys lüüs n
lieb kær käär
Liebe kærlighed kärlihee
lieben elske elsge
Liebling yndling ünnling
liegen ligge
liegenlassen lade ligge la ligge
Linie linie linje
links venstre wennstre
loben rose roose
Loch hul holl n
löschen slukke
logisch logisk
Lokal (Gastronomie) restaurant restorang
lüften lufte luffde
lügen lyve lüwe
Luft luft luffd
lustig sjov sjou
Luxus luksus

M

machen lave läwe
Mädchen pige piie
männlich mandlig mannli
Mal mærke märke n
malen male mäle
man man
manchmal ofte
Maniküre manikure maniküre
Mann mand mann
Mannschaft (Sport) hold holl n
Markt torv torw n
Maschine maskine
Maß mål mool n
massieren massere maseere
Matratze madras madrass
Maus mus muus
Meer hav hau n
mehr mere
mein min miin
meinen mene meene
Meinung mening meening
melden melde melle
Menge mængde mängde
Mensch menneske n
merken mærke märke
Messe messe
messen måle moole
mich mig mai
Miete leje laie
mieten leje laie
mild mild mill
minus minus
Minute minut n
mir mig mai
Mißverständnis misforståelse isforstoelse
mit med mä
mitbringen medbringe mäbringe
mitfahren køre med köre mä
mitmachen deltage deltäe
mitnehmen tage med täe mä
Mittag middag middä
Mitternacht midnat mi'nät
Mode mode mo'e
Möbel møbel möbel n
mögen (wollen) ville wille
mögen (wünschen) ville ønske wille önsge

mögen (gern haben) kunne lide kunne lii
möglich muligt muulit
Monat måned mone
monatlich månedlig moneli
Mond måne; moone
Morgen morgen morn
morgen i morgen i morn
Motorrad motorcykel motorsükel
Mücke myg müg
müde træt trät
Mühe besvær beswär n
Müll affald aufall n
Münze mønt mönt
müssen måtte modde, skulle
Museum museum n
Musik musik
Muster mønster mönster n
Mutter mor

N

nach (Richtung) til till
nach (zeitlich) efter
Nachbar/-in nabo näbo
nachher bagefter bä efter
Nachmittag eftermiddag eftermiddä
Nachricht besked beskee
Nacht nat nätt
Nachteil ulempe ulemmbe
Nachtleben natteliv nätteliu n
Nadel nål nool
nächste næste näste
Nagel søm sömm n
nahe nær näär
Nahrungsmittel næringsmiddel näringsmi'el n
Nahverkehrsmittel nærtrafikmiddel närtrafikmi'el n
Name navn naun n
naß våd woo
Nation nation nasjoon
national national nasjonäl
Natur natur
natürlich naturligvis naturliwiis
natürlich (echt) naturlig naturli
neben ved siden af we si'en ä
nehmen tage tä
nein nej nai
nennen kalde kalle
nervös nervøs nerwös
netto netto
Netz net n
neu ny nüü
neugierig nysgerrig nüsgerri
Neuigkeit nyhed nühee
nicht ikke igge
nichts intet
nie aldrig aldri
niemand ingen
niesen nyse nüüse
noch endnu ennu
nötig nødvendig nö'wenndi n
Norden norden nooren
Norwegen Norge
Norweger nordmand noormann
Notfall nødstilfælde nö's tillfälle n
notieren notere noteere
notwendig nødvendig nö'wenndi
nützlich nyttig nüddi
Nummer nummer n
nur kun

O

oben foroven for ouen
oder eller
öffnen åbne obne
Öffnungszeit åbningstid obningsti
Öl olie olje
Österreich Østrig östri
Österreicher/-in østriger östrier
Ofen oven oun

offen åben ooben
offiziell officiel offisiell
oft ofte
ohne uden u'en
Ordnung orden
Ort sted stee
Ortsangabe
stedsangivelse ste'sangiwelse
Ortszeit lokal tid lokäl tii
Osten østen östen n

P

Paar par n
packen pakke
Päckchen småpakke smopakke
Paket pakke
Palast palads palass n
Panne uheld uhell n
Panorama panorama n
Papier papir papiir n
Park park
parken parkere parkeere
Parkplatz parkeringsplads
parkeeringsplass
Paß pas pass n
passen passe
passieren passere passeere
Pause pause
Pech uheld uhell n
Pediküre pedicure pediküre
Perle perle
Pelz pels
persönlich personlig persoonli
Person person
Personalien personalia personälia
Pferd hest hesst
Pfeife pibe piibe
Pflanze plante
Pfund pund punn n
planmäßig planmæssig pläänmässi
Platz plads plass
plötzlich pludselig plusseli
plus plus
Polizei politi politii n
Post post
Post (-amt) posthus posthuus n
Preis pris priis
prima prima
privat privat priwäät
pro pr.; per
probieren prøve pröwe
Problem problem n
Provinz provins prowins
Prozent procent prosent
prüfen prøve pröwe
Prüfung prøve pröwe
pünktlich præcis präsiis
Punkt punkt n
putzen pudse pusse

Q

Quadratmeter kvadratmeter
kwadratmeter
Qualität kvalitet kwaliteet
Qualle vandmand wannmann
Quelle kilde kille
Quittung kvittering kwiteering

R

Rabatt rabat rabatt
Radio radio
Rand rand rann
Rasen græsplæne gräspläne
rasieren barbere barbeere
Rast hvile wiile
Rat råd roo n
Rathaus rådhus ro'huus n
rauchen ryge rüe
Raum (Platz) plads plass
Raum (Wohn-) rum rumm n

Rauschgift stoffer
rechnen regne raine
Rechnung regning raining
rechts til højre till heure
Rechtsanwalt advokat a'wokäät, sagfører sauförer
rechtzeitig rettidig rettii'i
reden tale täle
regelmäßig regelmæssig regelmässi
regeln ordne orne
regeln (Technik) regulere reguleere
Regenschirm paraply paraplüü
Regierung regering regeering
Region region
regnen regne raine
reich rig rii
Reifenservice dækservice däksörwis
reinigen rense
Reinigung rensning
Reise rejse raise
Reiseführer rejsefører raiseförer
reisen rejse raise
Reisende rejsende raisene
Reiseroute rejserute raiserute
Reisewörterbuch parlør parlör
reiten ride rii'e
Reklamation reklamation reklamasjoon
Religion religion
rennen løbe löbe
Rentner/-in pensionist pangsjonist
Reparatur reparation reparasjoon
Reparaturwerkstatt reparationsværksted reparasjoonswärkste n
reparieren reparere repareere
reservieren (lassen) reservere reserweere
Rest rest
Restaurant restaurant restorang
retten redde re'e
Rezept recept resept
richtig rigtig rigti
Richtung retning
riechen lugte
Ring ring
Risiko risiko
Rucksack rygsæk rügsäk
rufen råbe robe, kalde kalle
Ruhe ro roo
ruhig rolig rooli
rutschen glide gli'e

S

Saal sal sääl
Sache sag sääj; **(Pl.)** ting
sagen sige siie
Saison sæson säsong
salzig salt
sammeln samle
Sammlung samling
Sand sand sann n
satt mæt mätt
Satz sætning sätning
sauber ren reen
sauber machen gøre rent göre reent
Schade! Det er en skam! de är en skamm!
schaden skade skä'e
Schaden skade skä'e
schädlich skadelig skä'eli
schämen skamme
schätzen vurdere wurdeere
schätzen (achten) sætte pris på sätte priis po
Schaf får foor n
schaffen skabe skääbe
Schalter (Elektrik) kontakt; **(Post)** ekspedition egspedisjoon
scharf (Messer) skarp
scharf (gewürzt) stærk stärk
Schatten skygge skügge
schauen se see
Schaufenster butiksvindue butikswinndu n
Schauspieler skuespiller
Scheibe (Glas) rude ru'e
Scheibe (Brot) skive skiwe

scheinen (Sonne) skinne
schenken skænke skänke, forære for äre
Schere saks
schicken sende senne
schieben skubbe
schießen skyde skü'e
Schild skilt n
Schiff skib skiib n
Schiffsruder skibsror skibsror n
schimpfen skælde ud skälle uu
Schirm skærm skärm
schlafen sove soue
schlagen slå sloo
Schlamm mudder mu'er n
Schlange slange
schlank slank
schlau snu snuu
Schlauch slange
schlecht dårlig dorli
schließen lukke
schlimm slem slemm
Schloß (Palast) slot n
Schlüssel nøgle neule
Schluß slutning
schmal smal small
schmecken smage smäe
schmerzen smerte
schminken sminke
Schmuck smykke smükke n
schmuggeln smugle smuule
schmutzig snavset snauset
schnarchen snorke
schneiden skære skäre
Schneider skrædder skrä'er
schneien sne snee
schnell hurtig hurti
Schnur snor snoor
schön smuk
Schrank skab skääb n
schrecklich skrækkelig skräkkeli
schreiben skrive skriiwe
Schreibwarengeschäft
papirhandel papiirhannel
schriftlich skriftlig skriftli
Schritt skridt skritt n
Schüler/-in elev eleeu
schützen beskytte besküdde
Schuh sko skoo
Schuhmacher skomager skomäer
Schuld skyld sküll
Schulden gæld gäll
Schule skole skoole
Schutz beskyttelse besküddelse
schwach svag swääj
Schwamm svamp swamp
schwanger gravid grawii
Schwede svensker swensker
Schweden Sverige swerrig
schweigen tie
Schweiz Schweiz swejts
Schweizer/-in svejtser swejtser
schwer tung
Schwester søster söster
schwierig vanskelig wänskeli
Schwierigkeit
vanskelighed wänskelihe
Schwimmbad
svømmehal swömmehäll
schwimmen svømme swömme
schwitzen svede swee'e
See (die) hav hau; **(der)** sø söö
Segelboot sejlbåd sailboo
sehen se see
Sehenswürdigkeit
seværdighed sewärdihe
Seide silke
Seife sæbe säbe
Seil tov tou
sein (Verb) være wäre
seit siden si'en
Seite side si'e
Sekunde sekund n
selbst selv sell
Selbstbedienung selvbetjening
sellbetjäning
selten sjælden sjellen
Semesterferien semesterferie
senden sende senne

servieren servere serweere
Sessel lænestol läänestool
setzen sætte sädde
sicher sikker sigger
Sicherheit sikkerhed siggerhe
Sicherung sikring
sie hun hunn
Sie (Höflichkeitsform) De di
Silber sølv söll n
singen synge sünge
Situation situation situasjoon
Sitzbank bænk bänk
sitzen sidde si'e
so sådan sodann
Sofa sofa
sofort straks
Sohn søn sönn
sollen skulle
sondern men
Sonderangebot særtilbud särtillbu n
Sonne sol sool
Sonnenaufgang solopgang soolopgang
Sonnenbrille solbriller soolbriller
Sonnenschirm parasol parasoll
Sonnenuntergang solnedgang soolne'gang
Souvenir souvenir suweniir
Souvenirladen souvenirbutik suweniirbutik
spät sent seent
Spannung spænding spänning
Spannung (Strom-) strømspænding strömspänning
sparen spare
sparsam sparsommelig sparsommeli
Spaß spøg speu
spazierengehen gå en tur go en tuur
Spaziergang spadseretur spaseeretuur
Speisekarte spisekort spiisekort n
Spezialist/-in specialist spesialist
speziell speciel spesiell
Spiegel spejl spail n
Spiel (Karten-) spil spill n, **(Kinder-)** leg lai
spielen spille spille
Spielzeug legetøj laieteu n
Spiritus spiritus
Spitze spids spiss
Sport sport
Sprache sprog sprou n
sprechen tale täle
springen springe
spülen (Geschirr) vaske op waske op
spülen (Mund) skylle skülle
Staat stat stäät
Stadion stadion städion n
Stadt by büü
Stand stand stann
stark stærk stärk
starten starte
starten (Flugzeug) lette
Station station stasjoon
stattfinden finde sted finne ste
Staub støv stöu n
staunen måbe mobe
stechen stikke
Steckdose stikkontakt
Stecker stik n
Stecknadel kmappenål knappenool
stehen stå stoo
stehen (Kleidung) klæde klää
stehenbleiben blive stående bliie stoene
stehlen stjæle stjäle
steigen stige stiie
Stein sten steen
Stelle sted ste n
stellen stille
sterben dø döö
Stern stjerne
Steuer (Abgabe) skat
Stich stik n
Stiefel støvle stöule
Stimme stemme
Stimmung (Feier) stemning
stinken stinke
Stockwerk etage etääsje, sal sääl

stören forstyrre forstürre
Störung forstyrrelse forstürrelse
Stoff stof stoff n
stoppen stoppe
stornieren afbestille aubestille
stoßen støde stö'e
Strafe straf straff
Strand strand strann
Straße gade gä'e
Straßenbahn sporvogn sporwoun
Streichholz tændstik tännstik
Streik strejke straike
streiten stride stri'e
streiten (sich) skændes skännes
Strömung (Wasser)
strømning strömning
Strom strøm ström
Stück stykke stügge n
Student/-in studerende studeerene
studieren studere studeere
Studium studium n
Stuhl stol stool
stumm stum stumm
Stunde time
Sturm storm
suchen søge sööe
Süden syden sü'en
süß sød söö
Summe sum
Sumpf sump
Swimmingpool swimmingpool
sympathisch sympatisk sümpätisk

T

Tabak tobak tobakk
Tablett bakke
täglich daglig dauli
Täter gerningsmand gerningsmann
täuschen bedrage bedraae
täuschen (sich) tage fejl täe fail
Tafel tavle taule
Tag dag dä
tagsüber om dagen om däen
Tal dal dääl
tanken tanke
Tankstelle benzintank bensiintank
tanzen danse
Tasche (Hosen-) lomme
Tasche (Hand-) taske
Taschengeld lommepenge lommepänge
Taschentuch
lommetørklæde lommetörklä'e n
Tasse kop
tauchen dykke dügge
tauschen bytte büdde
Taxi taxa
Tee te tee
Teil del deel
teilen dele deele
teilnehmen deltage deltäe
Telefax telefax telefaks
Telefon telefon telefoon
telefonieren telefonere telefoneere
Telegramm telegram n
Teller tallerken talerrken
Teppich tæppe täppe n
Termin aftalt tid autält tii
Termin (Frist) tidsfrist ti'sfrist
Terrasse terasse
teuer dyr düür
Theater teater teäter n
Thema tema n
tief dyb düüb
Tier dyr düür n
Tisch bord boor n
Tischtuch dug duu
Tochter datter dadder
Tod død döö
Toilette toilet toalett n
Ton tone
Topf gryde grü'e
tot død döö
Tour tur
Tourist/-in turist
träumen drømme drömme

Tradition tradition tradisjoon
tragen bære bäre
trampen køre på tommelfingeren köre po tommelfingeren
Traum drøm dröm
traurig bedrøvet bedröwet
treffen træffe, träffe
trennen skille
Treppe trappe
treu trofast
trinkbar drikkelig drikkeli
trinken drikke
Trinkgeld drikkepenge drikkepänge
Trinkwasser drikkevand drikkewann
trocken tør töör
trocknen tørre törre
trösten trøste tröste
trotzdem alligevel alliewell
trübe (Flüssigkeit) grumset
trübe (Wetter) overtrukket ouertrukket
tschüß hej hej!; hai hai
Tuch tørklæde törklä'e n
Tür dør
Türschloß lås loos
Tüte pose poose
tun gøre göre
Tunnel tunnel
typisch typisk tüpisk
Turm tårn torn n

U

üben øve öwe
über over ouer; **(von)** om
überall overalt ouer alt n
Überfall overfald ouerfall
überfallen overfalde ouerfalle
überfüllt overfyldt ouerfüllt
überholen overhale ouerhäle
übernachten overnatte ouernädde
Übernachtung overnatning ouernätning
überqueren krydse krüsse
Überraschung overraskelse ouerraskelse
Überschwemmung oversvømmelse ouerswömmelse
übersehen overse ouersee
übersetzen oversætte ouersädde
überweisen anvise anwise
überzeugen overbevise ouerbewise
übrig tilovers till ouers
Übung øvelse öwelse
Ufer kyst küsst
Uhr ur uur n
Uhr (-zeit) klokken kloggen
Uhrmacher urmager urmäer
um (herum) omkring
um (kausal) for
Umgebung omgivelse omgiwelse
Umkleideraum omklædningsrum n omklä'ningsrum
umsonst (gratis) gratis
umsonst (vergebens) forgæves forgäwes
Umstände (Mühe) omstændigheder omständihe'er
umsteigen stige om stiie om
umtauschen bytte büdde
Umweg omvej omwai
Umweltschutz miljøbeskyttelse miljöbesküddelse
umziehen (Wohnung) flytte flüdde
umziehen (Kleider) klæde om klä om
unabsichtlich uforvarende uforwarene
unangenehm ubehagelig ubehäeli
unbedingt ubetinget ubetinget
unbekannt ubekendt ubekennt
unbequem ubekvem ubekwemm
unbestimmt ubestemt ubestemmt
und og o
unecht uægte uägte
unerträglich uudholdelig u u'holleli
Unfall ulykke ulügge
unfreundlich uvenlig uwennli
ungefähr omtrent
ungefährlich ufarlig ufarli

ungemütlich uhyggelig uhüggeli
ungewöhnlich ualmindelig ualminneli
unglaublich utrolig utroli
Unglück ulykke ulügge
ungültig ugyldig ugüldi
ungünstig ugunstig ugunsti
unhöflich uhøflig uhöffli
Universität universitet uniwersiteet n
unleserlich ulæselig uläseli
unmöglich umulig umuli
unnötig unødvendig unö'wendi
unregelmäßig uregelmæssig ureelmässi
unruhig urolig uroli
uns os oss
unschuldig uskyldig usküllldi
unser vores wores
unten nede ne'e
unterbrechen afbryde aubrü'e
Unterbrechung afbrydelse aubrü'else
unterbringen anbringe
Unterführung tunnel
unterhalten underholde unnerholle
Unterhaltung underholdning unnerhollning
Unterkunft husly huslüü n
unterrichten (Info) underrette unnerrette
unterrichten (Schule) undervise unnerwise
unterschreiben underskrive unnerskriwe
Unterschrift underskrift unnerskrift
Unterstützung understøttelse unnerstöttelse
untersuchen undersøge unnersööe
unterwegs undervejs unnerwais
unverschämt uforskammet
unwichtig uvigtig uwigti
unzufrieden utilfreds utillfress
Urlaub ferie
Urteil dom domm

V

Vase vase wäse
Vater far
Vaterland fædreland tä'relann n
verabreden aftale autäle
Verabredung aftale autäle
verabschieden tage afsked med täe auske mä
Veranstaltung foranstaltning
verantwortlich ansvarlig answarli
Verbandszeug forbindsstof forbinnstoff
verbessern forbedre forbe're
verbieten forbyde forbü'e
verbinden forbinde forbinne
Verbindung forbindelse forbinnelse
verboten forbudt forbutt
verbringen tilbringe tillbringe
verbrauchen forbruge forbruue
verbrennen forbrænde forbrenne
verdächtig fordægtig fordägti
verdienen (for)tjene (for)tjäne
Verein forening
verfahren bære sig ad bäre sai a
Vergangenheit fortid fortii
vergehen (Zeit) gå go
vergessen glemme
vergewaltigen voldtage wolltäe
vergleichen sammenligne sammenliine
vergnügen fornøje forneue
Vergnügung fornøjelse forneuelse
vergoldet forgyldt forgülld
verhaften arrestere arresteere
verheiratet gift
verhindern forhindre
Verhütungsmittel forebyggelsesmiddel n forebüggelsesmi'el
Verkauf salg salj n
verkaufen sælge sälje
Verkehr trafik

Verkehrsunfall
trafikulykke trafikulügge
verlängern forlænge forlänge
Verlag forlag forläj n
verlassen forlade forlä'e
Verleih udlejning u'laining
verletzen såre soore
verletzt såret sooret
Verletzung sår soor n
verlieben forelske
verlieren tabe täbe
Verlobte/-r forlovede forlowet
Verlust tab tääb n
vermeiden undgå unngoo
vermieten udleje u'laie
Vermietung udlejning u'laining
Vermittlung formidling formi'ling
vermuten formode formo'e
verpassen komme for sent
komme for seent
Verpflegung forplejning forplaining
verpflichtet forpligtet
verreisen rejse bort raise bort
verschieben udsætte u'sädde
verschieden forskellig forskelli
verschlafen sove over sig soue ouer sai
verschwinden forsvinde forswinne
versichern forsikre
Versicherung forsikring
versilbert forsølvet forsölwed
Verspätung forsinkelse
versprechen (Zusage) love lowe
Verständigung forståelse forstoelse
verstecken skjule
verstehen forstå forstoo
verstopft stoppet
Versuch forsøg forsöö n
versuchen forsøge forsöe
verteidigen forsvare forsware
verteilen fordele fordeele
Vertrag kontrakt
vertragen tåle toole
vertragen (sich) enes
Vertrauen tillid tillii
Vertreter/-in
stedfortræder ste'forträ'er
Vertreter/-in (Handel)
repræsentant repräsentant
verunglücken forulykke forulügge
verursachen forårsage fororsäe
verwandt beslægtet beslägtet
Verzeichnis fortegnelse fortainelse, liste
Verzeihung! Undskyld! unnsküll
verzichten give afkald giwe aukall
verzollen fortolde fortolle
viel meget maied
vielleicht måske moskee
Viertel fjerdedel fjäredeel;
(Stadt-) kvarter kwarteer n
Villa villa willa
Vogel fugl fuul
Volk folk n
voll fuld full
Vollmacht fuldmagt fullmagt
vollständig fuldstændig fullständi
Volt volt wolt
von fra
vor (räumlich) foran for än;
(zeitlich) før föör
voraus forud foru
Vorauszahlung forudbetaling
foru'betäling
vorbereiten forberede forberee'e
Vorfall hændelse hännelse
Vorhang gardin gardiin n;
forhæng forhäng n
vorher før föör
vorläufig foreløbig forelöbi
Vormittag formiddag formiddä
vorn forrest
Vorname fornavn fornaun n
Vorort forstad forsta
vorschlagen foreslå foreslo
Vorschrift forskrift
Vorsicht forsigtighed forsigtihe
vorsichtig forsigtig forsigti
vorstellen forestille
Vorstellung forestilling

Vorteil fordel fordeel
Vortrag foredrag foredrau n
Vorurteil fordom fordomm

W

wachsen vokse wokse
wählen vælge wälje
Währung valuta waluta
Wärme varme warme
wärmen varme warmc
Wäsche vasketøj wasketeu
Wagen (Eisenbahn) vagn waun
Wahl valg walg n
Wahrheit sandhed sannhe
Wald skov skou
Wand væg wäg
wandern vandre wandre
wann hvornår wornoor
warm varm warm
warnen advare a'ware
warten vente wente
warum hvorfor worfor
was hvad wa
waschen vaske waske
Wasser vand wann n
Wassersport vandsport wannsport
Watte vat wat n
Wattenmeer vadehavet wä'ehäwet n
Wechselgeld vekselpenge wekselpänge
wechseln veksle weksle
wecken vække wäkke
Wecker vækkeur wäkkeuur n
Weg vej wai
weg væk wäk
wegfahren køre bort köre bort
weh tun gøre ondt göre onnt
weiblich kvindelig kwinneli
weich blød blöö
weil fordi fordii
Weinberg vinbjerg wiinbjerg n
weinen græde grä'e
weit (Aussicht) vid wii
(Abstand) lang
welche hvilke wilke
Welle bølge bölje
Welt verden werden
wem hvem wemm
wen hvem wemm
wenig lidt litt
wenn (Zeit) når nor;
(Bedingung) hvis wiss
wer hvem wemm
Werbung reklame rekläme
werden blive bliie
Werk værk wärk n
Werkstatt værksted wärkste n
Werktag hverdag wärdä
Werkzeug værktøj wärkteu n
Wert værdi wärdii
Wertsachen værdisager wärdisäer
wertvoll værdifuld wärdifull
wessen hvis wiss
Wespe hveps weps
Westen vesten westen n
Wettbewerb konkurrence konkurangse
Wette væddemål wä'emool
Wetter vejr wär n
wichtig vigtig wigti
wie hvordan wordann
wieder igen igenn
wiedergeben gengive gengii
wiederholen gentage genta
wiederkommen komme igen komme igenn
wiedersehen se igen see igenn
wiegen veje waie
Wiese eng
wieviel hvor meget wor maied
Wild vildt willd n
wir vi wi
Wirklichkeit virkelighed wirkelihe
Wirt (Gast-) gæstgiver gästgiwer
Wirt (Haus-) vært wärt

Wirtschaft økonomi ökonomi
Wirtschaft (Gast-) gæstgiveri gästgiwerii n
Wissen viden wi'en
Witz vittighed wittihee
Woche uge uue
Wochenende weekend
wöchentlich ugentlig uuentli
Wörterbuch ordbog oorbou
wofür hvortil wortill
woher hvorfra worfra
wohin hvorhen worhen
wohnen bo boo
Wohnort bopæl bopäl
Wohnung lejlighed lailihee
Wolle uld ull
wollen ville wille
Wort ord oor n
wünschen ønske önsge
Wüste ørken örken
wütend rasende raasene
wunderbar vidunderlig wi'unnerli
Wunsch ønske önsge n

Z

zählen tælle tälle
Zahl tal n
zahlen betale betäle
Zahlung betaling betäling
Zahnarzt tandlæge tannläje
Zeichen tegn tain n
zeichnen tegne taine
zeigen vise wise
Zeit tid tii
Zeitangabe tidsangivelse ti'sangiwelse
Zeitschrift tidsskrift ti'sskrift n
Zeitung avis awiis
Zelt telt tellt n
zentral central sentral
Zentrum centrum sentrum n
Zettel seddel se'el
Zeuge vidne wi'ne n
ziehen trække trägge
Ziel mål mool n
Zigarette cigaret sigarett
Zoll told toll
zu (Richtung) til till
zubereiten tilberede tillberee'e
Zündkerze tændrør tännrör n
zufrieden tilfreds tillfress
Zug tog toou n
zuhören lytte lüdde
Zukunft fremtid fremtii
zumachen lukke
Zuname efternavn efternaun n
zunehmen tiltage tilltäe
zunehmen (Gewicht) tage på täe po
zurück tilbage tillbäe
zurückfahren køre tilbage köre tillbäe
zurückgeben give tilbage gi tillbäe
zurückzahlen betale tilbage betäle tillbäe
zusammen sammen
zuschauen se på se po
Zuschauer tilskuer tillskuer
zuständig ansvarlig answarli
zusteigen stige på stiie po
Zutritt adgang a'gang
zuverlässig pålidelig poli'eli
zuviel for meget for maied
Zweck formål, formool n
Zweifel tvivl twiwl
zweifeln tvivle twiwle
zwingen tvinge twinge
Zwischenlandung mellemlanding mellemlanning

A

adgang Eintritt
adgang Zutritt
adresse Adresse
adresse Anschrift
adskilt getrennt
advare warnen
advokat Rechtsanwalt
af ab, aus
afbestille abbestellen, stornieren
afbryde unterbrechen
afbrydelse Unterbrechung
affald Abfall, Müll
afgang Abfahrt
afgøre entscheiden
afhente abholen
afpresse erpressen
afrejse abreisen
afsked Abschied
afslå ablehnen
afstand Abstand, Entfernung
aftale verabreden; Verabredung
aftalt tid Termin
aften Abend
aftensmad Abendessen
agentur Agentur
alder Alter
aldrig nie
alger Algen
allene allein
alligevel trotzdem
almindelig allgemein
alt alles
altid immer
ambassade Botschaft (Behörde)
ambulance Krankenwagen
amt Amt
anbefale empfehlen
anbringe unterbringen
anden andere
ankomme ankommen
ankomst Ankunft
anlæg Anlage
anmelde anmelden
anstrengende anstrengend
ansvarlig verantwortlich
ansvarlig zuständig
antage annehmen
anvise überweisen
apotek Apotheke
apparat Apparat
arbejde Arbeit; arbeiten
arrestere verhaften
art Art
attest Bescheinigung
auto(mobil) Auto(mobil)
avis Zeitung

B

baby Baby
bad Bad
båd Boot
bade baden
badested Badeort
bagage Gepäck
bagefter nachher
bagved hinten
bakke Tablett
bal Ball (Tanz)
bane Bahn
bank Bank (Geldinstitut)
barbere rasieren
barn Kind
barnebarn Enkel/-in
batteri Batterie

beboer Einwohner
bede beten, bitten
bedrag Betrug
bedrage betrügen, täuschen
bedrøvet traurig
begynde anfangen
begyndelse Anfang
behagelig angenehm
beholde behalten
behøve brauchen
bekendt Bekannte/-r
beklædning Kleidung
beklage bedauern
bekvem bequem
benytte benutzen
benzintank Tankstelle
berolige beruhigen
berømt berühmt
besætning Besatzung
besigtige besichtigen
besigtigelse Besichtigung
beskadige beschädigen
beskrive beschreiben
beskrivelse Beschreibung
beskytte schützen
beskyttelse Schutz
beslægtet verwandt
bestemt bestimmt
bestille bestellen
bestilling Bestellung
besvær Mühe
besvær Umstände (Mühe)
besværlig lästig
besøge besuchen
besøger Besucher
besørge besorgen, erledigen
betale (be-) zahlen
betale forskud anzahlen
betale kontant bar zahlen
betale tilbage zurückzahlen
betaling Zahlung
betjene bedienen
betjening Bedienung
betragtning Ansicht
betyde bedeuten
betydning Bedeutung
beundre bewundern
bevæge bewegen
bevis Beleg, Beweis
bevise beweisen
bide beißen
bifald Beifall
bil Auto
billet Fahrkarte
billig billig
biograf Kino
bitter bitter
bjerg Berg
bjerge Gebirge
blaffer Anhalter
blandet gemischt
blind blind
blive bleiben; werden
blive stående stehenbleiben
blomst Blume
blød weich
bo wohnen
bog Buch
boghandel Buchhandlung
bold Ball (Sport)
bondegård Bauernhof
bord Tisch
bosted Wohnort
brand Brand
brandvæsen Feuerwehr
bred breit
Brev Brief
briller Brille
bringe (hin-)bringen
bror Bruder
brugt gebraucht
bryllup Hochzeit
brænde brennen
budskab Botschaft
bugt Bucht
buket Blumenstrauß
bund Boden
bureau Büro

bus Bus
butiksvindue Schaufenster
by Stadt
byde bieten
bygning Gebäude
bytte tauschen, umtauschen
bænk Sitzbank
bære tragen
bære sig ad verfahren
bøde Geldstrafe
bølge Welle
bøn Bitte

C

café Café
camping Camping
central zentral
centrum Innenstadt
centrum Zentrum
charterfly Charterflug
chauffeur Chauffeur
chauffeur Fahrer
chef Chef
cigaret Zigarette
cykel Fahrrad
cykelstyr Fahrradlenker

D

dag Tag
daglig täglich
dækservice Reifenservice
dal Tal
dame Dame
Danmark Dänemark
danse tanzen
dansker Däne
dato Datum
datter Tochter
De Sie (Höflichkeitsform)
defekt defekt
del Teil
dele teilen
deltage mitmachen, teilnehmen
dem ihnen
dengang damals
denne diese
deponere hinterlegen
der da, dort
derefter danach
derfor deshalb
desværre leider
det es
dette dieses
dig dich
dig dir
din dein
dom Urteil
doppelt doppelt
doven faul
dreng Junge
drikke Getränk; trinken
drikkelig trinkbar
drikkepenge Trinkgeld
drikkevand Trinkwasser
drøm Traum
drømme träumen
du du
dug Tischtuch
dum dumm
dyb tief
dykke tauchen
dyne Decke (Bett)
dyr teuer; Tier
dø sterben
død Tod; tot
dør Tür
dårlig schlecht
dåse Dose

E

efter nach (zeitlich)
eftermiddag Nachmittag
efternavn Zuname
efterretning Nachricht
egn Gegend
ejendom Immobilien
ejer Besitzer, Eigentümer
eksempel Beispiel
ekspedition Schalter (Post-)
elegant elegant
elev Schüler/-in
elevator Fahrstuhl
eller oder
elske lieben
endnu noch
enes vertragen (sich)
eng Wiese
enhver jeder
enkelt einfach
enkelt einzeln
ensom einsam
er gibt es
erhverv Beruf
erindre erinnern
erstatte ersetzen
etage Stockwerk
Europa Europa
europæer Europäer/-in

F

fabrik Fabrik
fagmand Fachmann
falde fallen
falde i søvn einschlafen
fallet gefallen
falske falsch (Geld)
familie Familie
far Vater
fare Gefahr
farlig gefährlich
farve Farbe
farvel Auf Wiedersehen, Lebewohl
fattig arm
fed fett
fedt Fett
fejl Fehler
fejltagelse Irrtum
felt Feld
ferie Ferien
ferie Urlaub
feriehus Ferienhaus
ferielejlighed Ferienwohnung
fest Fest
festdag Festtag
feste feiern
filial Filiale
film Film
finde finden
findes gibt es
finde sted stattfinden
fisk Fisch
fiske fischen
fjerdedel Viertel
flaske Flasche
flittig fleißig
flod Fluß
flue Fliege
flyde fließen
flytte ausziehen, umziehen (Wohnung)
flyve fliegen
flyvemaskine Flugzeug
flyvning Flug
fodgænger Fußgänger
folk Leute
folk Volk
for für
for um (kausal)
for meget zuviel
foran vor
foranstaltning Veranstaltung
forbedre verbessern
forberede vorbereiten
forbinde verbinden

forbindelse Verbindung
forbindsstof Verbandszeug
forbruge verbrauchen
forbrænde verbrennen
forbudt verboten
forbyde verbieten
fordel Vorteil
fordele verteilen
fordi weil
fordom Vorurteil
forebyggelsesmiddel Verhütungsmittel
foredrag Vortrag
fordægtig verdächtig
forelske verlieben
foreløbig vorläufig
forening Verein
foreslå vorschlagen
forestille vorstellen
forestilling Vorstellung
forfriskning Erfrischung
forgæves umsonst (vergebens)
forgyldt vergoldet
forhindre verhindern
forhæng, gardin Vorhang
forhåbentlig hoffentlich
forkert falsch
forklare erklären
forkøle erkälten
forlade verlassen
forlag Verlag
forlænge verlängern
forlovede Verlobte/-r
formiddag Vormittag
formidling Vermittlung
formode vermuten
formål Zweck
fornærme beleidigen
fornavn Vorname
fornøje vergnügen
fornøjelse Spaß, Vergnügen
foroven oben
forplejning Verpflegung
forpligtet verpflichtet
forrest vorn
forretning Geschäft
forretning Laden
forsigtig vorsichtig
forsigtighed Vorsicht
forsikre versichern
forsikring Versicherung
forsinkelse Verspätung
forskellig verschieden
forskrift Vorschrift
forskrække erschrecken
forstad Vorort
forstyrre stören
forstyrrelse Störung
forstå verstehen
forståelse Verständigung
forsvare verteidigen
forsvinde verschwinden
forsøg Versuch
forsøge versuchen
forsølvet versilbert
fortegnelse Verzeichnis
fortid Vergangenheit
fortjene verdienen
fortolde verzollen
fortælle erzählen
forud voraus
forudbetaling Vorauszahlung
forulykke verunglücken
forvente erwarten
forældre Eltern
forære schenken
forårsage verursachen
foto Bild
fotoapparat Fotoapparat
fotoforretning Fotogeschäft
fotografere fotografieren
fra ab; aus; von
fremmed fremd; Fremde/-r
fremtid Zukunft
fri frei; ledig
frisk frisch
frisør Damen-, Herrenfriseur
frokost 2. Frühstück

fru Frau
fryse frieren
frøken Fräulein
fugl Vogel
fugtig feucht
fuld betrunken, voll
fuldmagt Vollmacht
fuldstændig vollständig
fyrtøj Feuerzeug
fædreland Vaterland
fælles gemeinsam
fængsel Gefängnis
færdig fertig
fødselsdag Geburtstag
føle fühlen
følelse Gefühl
følge folgen
før vor, vorher
føre führen
fører Führer
første erster
få bekommen
få, modtage erhalten
får Schaf

G

garderobe Garderobe
gade Straße
garage Garage
gammel alt
gastronomi Gastronomie
gave Geschenk
genere belästigen
gengive wiedergeben
gennem durch
genstand Gegenstand
gentage wiederholen
gerne gern
gerningsmand Täter
gift verheiratet
gifte sig heiraten
giftig giftig
giv agt Achtung
give geben
give afkald verzichten
give tilbage zurückgeben
give ud ausgeben
glas Glas
glemme vergessen
glide rutschen
glæde freuen
god gut
grader Grad
grammatik Grammatik
gratis gratis, kostenlos, umsonst
gratulere gratulieren
gravid schwanger
grim häßlich
grumset trübe (Flüssigkeit)
grund Grund
gryde Topf
græde weinen
grænse Grenze
græsplæne Rasen
gud Gott
guld Gold
gulv Fußboden
gunstig günstig
gyldig gültig
gæld Schulden
gælde gelten
gæst Gast
gæstfrihed Gastfreundschaft
gæstgiver Wirt (Gast-)
gæstgiveri Wirtschaft (Gast-)
gøre tun
gøre ondt wehtun
gøre rent sauber machen
gå gehen; vergehen (Zeit)
gå en tur spazierengehen
gå ud ausgehen
gård Hof

H

halv halb
halvdel Hälfte
ham ihm; ihn
han er
handicap Behinderung
handicappet behindert
hav Meer; See
have Garten
have haben
hedde heißen
hej hej! tschüs !
hel ganz
hellig heilig
helligdag Feiertag
hende ihr
hendes ihr
henimod gegen (zeitlich)
hente bringen; holen
her da, hier
hest Pferd
hilse grüßen
hilse på begrüßen
hilsen Begrüßung
himmel Himmel
historie Geschichte
hittegodskontor Fundbüro
hjemrejse Heimreise
hjemstavn Heimat
hjertelig herzlich
hjælp Hilfe
hjælpe helfen
hjørne Ecke
hobby Hobby
hold Mannschaft (Sport)
holde op aufhören
honorar Honorar
hos bei
hoste husten
hotel Hotel
hoved Kopf
hovedstad Hauptstadt
hr. Herr
hul Loch
hun sie
hund Hund
hurtig eilig
hurtig schnell
hus Haus
husholdningsartikel Haushaltsartikel
hvad was
hvem wem
hvem wen
hvem wer
hveps Wespe
hverdag Werktag
hvile Erholung
hvile Rast
hvilke welche
hvis wessen
hvor meget wieviel
hvordan wie
hvorfor warum
hvorfra woher
hvorhen wohin
hvornår wann
hvortil wofür
hyggelig gemütlich
hæfte Heft
hændelse Vorfall
hænge hängen
høflig höflich
høj hoch
høre hören
håbe hoffen
hånd Hand
håndtaske Handtasche
hård hart

I

i in
i dag heute
i går gestern
i morgen morgen
iagttage beobachten
idé Idee
igen wieder
ikke nicht
ild Feuer
ildslukker Feuerlöscher
indbyde einladen
indbydelse Einladung
indfødt einheimisch
indførelse Einführung
indgang Eingang
indhold Inhalt
indkørsel Einfahrt
indland Inland
indrejse einreisen; Einreise
indskrift Aufschrift (Schild)
information Information
informere informieren
ingen kein
ingen niemand
insekt Insekt
interessant interessant
interesse Interesse
interessere interessieren
international international
intet nichts
is Eis
især besonders
itu kaputt

J

ja ja
jeg ich
jer euch
jeres euer
jernbane Eisenbahn
jord Erde
juveler Juwelier

K

kabel Kabel
kaffe Kaffee
kahyt Kabine (Schiff)
kalde nennen; rufen
kanal Kanal
kasse Kasse
kat Katze
kaution Kaution
kedelig langweilig
kende erkennen
kende kennen
kendt bekannt
kikkert Fernglas
kilde Quelle
klage Beanstandung, Beschwerde
klar klar
klasse Klasse
klima Klima
klippe Felsen
klog klug
klokken Uhr (-zeit)
klæde stehen (Kleidung)
klæde af ausziehen (Kleidung)
klæde om umziehen (Kleidung)
knappenål Stecknadel
knap Knopf
koge kochen
koldt kalt
kollega Kollege
kom ind! herein!
komme kommen
komme for sent verpassen
komme igen wiederkommen
komme sig erholen (sich)
kompliceret kompliziert
kondom Kondom

kone Frau (Ehe-)
konkurrence Wettbewerb
konsulat Konsulat
kontakt Kontakt, Schalter (Elektrik)
kontor Amt (Behörde)
kontrakt Vertrag
kontrollere kontrollieren
kop Tasse
kopi Kopie
korrekt korrekt
korrigere korrigieren
kort Karte; kurz
koste kosten
krig Krieg
kro Gasthof
krop Körper
kropspleje Körperpflege
kryds Kreuzung
krydse überqueren
kul Kohle
kultur Kultur
kun nur
kunde Kunde
kunne können
kunne lide mögen (gern haben)
kunstner Künstler
kurs Kurs (Geld); Kurs (Richtung)
kursus Kurs (Lehrgang)
kvadratmeter Quadratmeter
kvalitet Qualität
kvarter Unterkunft; Viertel
kvindelig weiblich
kvittering Quittung
kysse küssen
kyst Küste, Ufer
kæde Kette
kær lieb
kærlighed Liebe
købe kaufen
købe ind einkaufen
køber Käufer
købmand Kaufmann
kød Fleisch
køkken Küche
køle kühlen
kølig kühl
køn hübsch
køre fahren
køre af sted abfahren
køre bort wegfahren
køre med mitfahren
køre på tommelfingeren trampen
køre tilbage zurückfahren
kørekort Führerschein

L

lade lassen
lade ligge liegenlassen
lampe Lampe
land Land
landbrug Landwirtschaft
lande landen
landmand Landwirt/-in
landsby Dorf
landsmand Landsmann
lang lang
langsom langsam
larm Lärm
lave machen
lave mad kochen (Essenmachen)
le lachen
leder Leiter/-in
ledsage begleiten
leg Spiel
lege spielen
legemsdel Körperteil
legetøj Spielzeug
leje Miete; mieten
lejlighed Appartement; Wohnung
let leicht
lette starten (Flugzeug)
leve leben
levnedsmiddel Lebensmittel

lidt wenig
lig gleich (ähnlich)
lige gerade
ligge liegen
lille klein
linie Linie
liste Verzeichnis
liv Leben
loft Decke (Zimmer)
logisk logisch
lokal tid Ortszeit
lomme Tasche (Hosen-)
lommepenge Taschengeld
lommetørklæde Taschentuch
lov Gesetz
love versprechen (Zusage)
luft Luft
lufte lüften
lufthavn Flughafen
lugt Geruch
lugte riechen
lukke schließen
lukke zumachen
lukket geschlossen
luksus Luxus
lykke Glück
lykkelig glücklich
lykønskning Glückwunsch
lys hell
lys Kerze
lys Licht
lytte zuhören
lyve lügen
læder Leder
læge Arzt
lægge legen
lægge til anlegen
lænestol Sessel
lære lehren
lære lernen
lære at kende kennenlernen
lærer Lehrer/-in
læse lesen
løbe laufen
løbe rennen
låne leihen
lånegebyr Leihgebühr
lås Türschloß

M

mad Essen
madras Matratze
male malen
maleri Bild (Gemälde)
man man
mand Mann (Ehe-)
mandlig männlich
mangle fehlen
manikure Maniküre
mark Feld (Acker)
maskine Maschine
massere massieren
materialist Drogerie
med mit
medbringe mitbringen
meget viel
melde melden
mellemlanding Zwischenlandung
mellemmåltid Imbiß
men aber; sondern
mene meinen
mening Meinung
menneske Mensch
mere mehr
messe Messe
middag Mittag
midnat Mitternacht
mig mich; mir
mild mild
miljøbeskyttelse Umweltschutz
min mein
minde Andenken
mindesmærke Denkmal
minus minus

minut Minute
misforståelse Mißverständnis
mod gegen (wider)
mode Mode
modsætning Gegenteil
modtage empfangen
modtagelse Empfang
modtager Empfänger
mor Mutter
more amüsieren
morgen Morgen
motorcykel Motorrad
mudder Schlamm
muligt möglich
mus Maus
museum Museum
musik Musik
myg Mücke
myndighed Behörde
mængde Menge
mærke Mal; merken
mæt satt
møbel Möbel
møde begegnen; Begegnung
mønster Muster
mønt Münze
mørk dunkel
må dürfen
måbe staunen
mål Maß; Ziel
måle messen
måne Mond
måned Monat
månedlig monatlich
måske vielleicht
måtte müssen

N

nabo Nachbar/-in
nat Nacht
nation Nation
national national
natteliv Nachtleben
natur Natur
naturlig natürlich (echt)
naturligvis natürlich
navn Name
nede unten
nedsættelse Ermäßigung
nej nein
nervøs nervös
net Netz
netto netto
nogen, noget einige
nogen jemand
noget etwas
nok genug
norden Norden
nordmand Norweger
Norge Norwegen
notere notieren
nu jetzt
nummer Nummer
ny neu
nyde genießen
nyhed Neuigkeit
nyse niesen
nysgerrig neugierig
nyttig nützlich
næppe kaum
nær nahe
næringsmiddel Nahrungsmittel
nærtrafikmiddel Nahverkehrsmittel
næste nächste/-r/-s
næsten fast
nødstilfælde Notfall
nødvendig erforderlich, nötig, notwendig
nøgen nackt

nøgle Schlüssel
nøje genau
nål Nadel
når, hvis wenn

O

officiel offiziell
ofte manchmal; oft
ofte, tit häufig
og und
også auch
olie Öl
om über (etwas schreiben)
om bord Bord (an Bord)
om dagen tagsüber
omgivelse Umgebung
omklædningsrum Umkleideraum
omkring um (herum)
område Gebiet
omstændigheder Umstände
omtrent ungefähr
omvej Umweg
opbevare aufbewahren
opdragelse Erziehung
ophold Aufenthalt
oplysning Auskunft
opnå erreichen
optaget besetzt
opvarme heizen
ord Wort
ordbog Wörterbuch
orden Ordnung
ordne regeln
os uns
over, om über
overalt überall
overbevise überzeugen
overfald Überfall
overfalde überfallen
overfyldt überfüllt
overhale überholen
overhængende dringend
overnatning Übernachtung
overnatte übernachten
overraskelse Überraschung
oversætte übersetzen
overse übersehen
oversvømmelse Überschwemmung
overskyet bedeckt (Wetter)
ovn Ofen

P

pakke packen
pakke Paket
pakke ud auspacken
palads Palast
panorama Panorama
papir Papier
papirhandel Schreibwarengeschäft
par Paar
paraply Regenschirm
parasol Sonnenschirm
parat bereit
parfumeriartikler Drogerieartikel
park Grünanlage, Park
parkere parken
parkeringsplads Parkplatz
pas Ausweis; Paß
passager Fahrgast
passe passen
passe på aufpassen
passere passieren
pause Pause
pedicure Pediküre
pels Pelz
penge Geld
pensionist Rentner/-in
perle Perle
person Person
personalia Personalien

personlig persönlich
pibe Pfeife
pige Mädchen
plads Platz
plads Raum (Platz)
planmæssig planmäßig
plante Pflanze
pludselig plötzlich
plus plus
politi Polizei
pose Tüte
post Post
posthus Post (-amt)
pr. pro
prima prima
pris Preis
privat privat
problem Problem
procent Prozent
prospekt Ansicht
provins Provinz
prøve anprobieren, probieren; prüfen, Prüfung
præcis pünktlich
pudse putzen
pund Pfund
punkt Punkt
pæn hübsch
på auf
pålæg Aufschnitt
pålidelig zuverlässig

R

rabat Rabatt
radio Radio
rand Rand
rar nett
rasende wütend
rask gesund
rat Lenkrad (Auto)
recept Rezept
redde retten
regelmæssig regelmäßig
regering Regierung
region Region
regne rechnen
regne regnen
regning Rechnung
regulere regeln (Technik)
rejse Reise; reisen
rejse bort verreisen
rejse ud ausreisen
rejsefører Reiseführer
rejsende Reisende
rejseordbog Reisewörterbuch
rejserute Reiseroute
reklamation Reklamation
reklame Werbung
religion Religion
ren sauber
rense reinigen
rensning Reinigung
reparation Reparatur
reparationsværksted Reparaturwerkstatt
reparere reparieren
repræsentant Vertreter/-in (Handel)
reservedel Ersatzteil
reservere buchen, reservieren (lassen)
respektere beachten
rest Rest
restaurant Lokal (Gastronomie)
resultat Ergebnis
ret Gericht
retning Richtung
rettidig rechtzeitig
ride reiten
rig reich
rigtig richtig
ring Ring
ringe klingeln
ringe op anrufen
risiko Risiko

ro Ruhe
rolig ruhig
rose loben
rude Scheibe (Glas-)
rum Raum (Wohnung)
rutebil Bus (Überlandbus)
ryge rauchen
rygsæk Rucksack
råbe rufen
råd Rat
rådhus Rathaus

S

sag Sache
sagfører Rechtsanwalt
sagte leise
saison Saison
saks Schere
sal Saal
sal Stockwerk
salg Verkauf
salt salzig
samle sammeln
samling Sammlung
sammen zusammen
sammenligne vergleichen
samtale Gespräch
sand Sand
sandhed Wahrheit
Schweiz Schweiz
se schauen, sehen
se igen wiedersehen
se til zuschauen
seddel Zettel
sejlbåd Segelboot
sekund Sekunde
selv selbst
selvbetjening Selbstbedienung
semesterferie Semesterferien
sende schicken, senden
seng Bett
sent spät
servere servieren
seværdighed Sehenswürdigkeit
sidde sitzen
side Seite
siden seit
sidste letzte/-r/-s
sige sagen
sikker sicher
sikkerhed Sicherheit
sikring Sicherung
silke Seide
situation Situation
sjov lustig
sjælden selten
skab Schrank
skabe schaffen
skade schaden; Schaden
skadelig schädlich
skamme schämen
skarp scharf (Messer)
skat Steuer (Abgabe)
ske ereignen
skib Schiff
skibsror Schiffsruder
skille trennen
skilt Schild
skinne scheinen (Sonne)
skive Scheibe (Brot)
skjule verstecken
sko Schuh
skole Schule
skomager Schuhmacher
skov Wald
skridt Schritt
skriftlig schriftlich
skrive schreiben
skrive ind eintragen
skrædder Schneider
skrækkelig schrecklich
skubbe schieben
skuespiller Schauspieler
skuffet enttäuscht
skulle müssen; sollen

skyde schießen
skygge Schatten
skyld Schuld
skylle spülen (Mund)
skynde sig beeilen (sich)
skælde ud schimpfen
skændes streiten (sich)
skænke schenken, einschenken
skære schneiden
skærm Schirm
slange Schlange
slange Schlauch
slank schlank
slem schlimm
slot Schloß (Palast)
slukke löschen
slut Ende, Schluß
slå schlagen
smag Geschmack
smage schmecken
smal schmal
smerte schmerzen
sminke schminken
smugle schmuggeln
smuk schön
smykke Schmuck
småpakke Päckchen
snart bald
snavset dreckig, schmutzig
sne schneien
snor Schnur
snorke schnarchen
snu schlau
snæver eng
sofa Sofa
sol Sonne
solbriller Sonnenbrille
solnedgang Sonnenuntergang
solopgang Sonnenaufgang
souvenir Souvenir
souvenirbutik Souvenirladen
sove schlafen
sove over sig verschlafen
spadseretur Spaziergang
spare sparen
sparsommelig sparsam
specialist Spezialist/-in
speciel speziell
spejl Spiegel
spids Spitze
spil Spiel
spille spielen
spiritus Spiritus
spise essen
spise morgenmad frühstücken
spisekort Speisekarte
sport Sport
sporvogn Straßenbahn
spraglet bunt
springe springen
sprog Sprache
spænding Spannung
spøg Spaß
spørge erkundigen; fragen
spørgsmål Frage
stadion Stadion
stand Stand
standse anhalten, halten
starte abfahren; starten
stat Staat
station Station
sted Ort, Stelle
stedfortræder Vertreter/-in
stedsangivelse Ortsangabe
stege braten
stemme Stimme
stemning Stimmung (Feier)
sten Stein
stige Leiter; steigen
stige ind einsteigen
stige om umsteigen
stige på zusteigen
stik Stich
stikke stechen
stikker Stecker
stikkontakt Steckdose
stille stellen
stinke stinken

stjerne Stern
stjæle stehlen
stof Stoff
stoffer Rauschgift
stol Stuhl
stop! halt!
stoppe stoppen
stoppet verstopft
stor groß
storm Sturm
straf Strafe
straks gleich (zeitlich); sofort
strand Strand
strejke Streik
stride streiten
stryge bügeln
strøm Strom
strømning Strömung (Wasser)
strømspænding Spannung (Strom-)
student Student
studere studieren
studium Studium
stue Erdgeschoß
stum stumm
stykke Stück
stærk scharf (gewürzt); stark
støde stoßen
støj Geräusch
støjende laut
størrelse Größe
støv Staub
støvle Stiefel
stå stehen
stå op aufstehen
succes Erfolg
sult Hunger
sum Summe
sump Sumpf
sund gesund
sundhed Gesundheit
svag schwach
svamp Schwamm
svar Antwort
svare antworten
svede schwitzen
Svejtser Schweizer/-in
svensker Schwede
Sverige Schweden
swimmingpool Swimmingpool
svømme schwimmen
svømmehal Schwimmbad
syden Süden
syg krank
sygehus Krankenhaus
sygeplejerske Krankenschwester
sympatisk sympathisch
synge singen
sæbe Seife
sælge verkaufen
særtilbud Sonderangebot
sætning Satz
sætte setzen
sætte pris på schätzen (achten)
sø See
sød süß
søge suchen
sølv Silber
søm Nagel
søn Sohn
søskende Geschwister
søster Schwester
sådan so
såre verletzen
såret verletzt

T

tab Verlust
tabe abnehmen (an Gewicht); verlieren
tage nehmen
tage af abnehmen
tage afsked Abschied nehmen
tage afsked med verabschieden
tage fejl irren, täuschen (sich)

tage med mitnehmen
tage på anziehen (Kleidung); zunehmen (Gewicht)
takke danken
tal Zahl
tale reden, sprechen
tallerken Teller
tandlæge Zahnarzt
tanke tanken
taske Tasche (Hand-)
tavle Tafel
taxa Taxi
te Tee
teater Theater
tegn Zeichen
tegne zeichnen
telefax Telefax
telefon Telefon
telefonere telefonieren
telegram Telegramm
telt Zelt
tema Thema
terasse Terrasse
terræn Gelände
tid Zeit
tidlig früh
tidsangivelse Zeitangabe
tidsfrist Termin (Frist)
tidsskrift Zeitschrift
tie schweigen
til bis; für; nach (Richtung); zu (Richtung)
til højre rechts
tilbage zurück
tilberede zubereiten
tilbringe verbringen
tilbyde anbieten
tilfreds zufrieden
tilgodeseddel Gutschein
tilhøre gehören
tillade erlauben, gestatten
tilladelse Erlaubnis
tillid Vertrauen
tilovers übrig
tilskuer Zuschauer
tiltage zunehmen
tiltale anreden
time Stunde
ting Ding, Sache
tjeneste Dienst
tobak Tabak
tog Zug
toilet Toilette
told Zoll
tom leer
tone Ton
torv Markt
tov Seil
tradition Tradition
trafik Verkehr
trafikulykke Verkehrsunfall
trappe Treppe
tro Glaube; glauben
trofast treu
trykke drücken
træ Baum; Holz
træffe treffen
trække ziehen
træt müde
trøsre trösten
tråd Draht, Faden
tung schwer
tunnel Tunnel, Unterführung
tur Fahrt, Tour
turist Tourist/-in
turistbureau Fremdenverkehrsbüro/-amt
tvinge zwingen
tvivl Zweifel
tvivle zweifeln
tyggegummi Kaugummi
tyk dick
tynd dünn
typisk typisch
tysk deutsch
tysker Deutsche/-r
Tyskland Deutschland
tælle zählen
tænde anmachen (Licht, Gas), einschalten

tændrør Zündkerze
tændstik Streichholz
tænke denken
tæppe Teppich
tør trocken
tørklæde Tuch
tørre trocknen
tåle ertragen ; vertragen
tårn Turm

U

ualmindelig ungewöhnlich
ubehagelig unangenehm
ubekendt unbekannt
ubekvem unbequem
ubestemt unbestimmt
ubetinget unbedingt
udbetaling Anzahlung
uden ohne
udenfor außen, draußen
udenrigssamtale Auslandsgespräch
udflugt Ausflug
udgang Ausgang
udkørsel Ausfahrt
udland Ausland
udleje vermieten
udlejning Verleih, Vermietung
udlænding Ausländer
udlåne ausleihen
udsigt Aussicht
udsolgt ausverkauft
udstyr Ausstattung
udsætte verschieben
udtale Aussprache; aussprechen
udvendig außen
ufarlig ungefährlich
uforskammet unverschämt
uforvarende unabsichtlich
uge Woche
ugentlig wöchentlich
ugunstig ungünstig
ugyldig ungültig
uheld Panne, Pech
uhyggelig ungemütlich
uhøflig unhöflich
uld Wolle
ulempe Nachteil
ulykke Unfall, Unglück
ulæselig unleserlich
umulig unmöglich
underholde unterhalten
underholdning Unterhaltung
underrette unterrichten (Info)
underskrift Unterschrift
underskrive unterschreiben
understøttelse Unterstützung
undersøge untersuchen
undervejs unterwegs
undervise unterrichten (Schule)
undgå vermeiden
undskyld! Entschuldigung! Verzeihung!
undskylde entschuldigen
undskyldning Entschuldigung
undtagelse Ausnahme
ung jung
ungdom Jugend
universitet Universität
unødvendig unnötig
ur Uhr
uregelmæssig unregelmäßig
urmager Uhrmacher
urolig unruhig
uskyldig unschuldig
utilfreds unzufrieden
utrolig unglaublich
uudholdelig unerträglich
uvenlig unfreundlich
uvigtig unwichtig
uægte unecht

V

vaccinere impfen
vadehav Wattenmeer
valg Wahl
valuta Währung
vand Wasser
vandmand Qualle
vandre wandern
vandsport Wassersport
vane Gewohnheit
vanskelig schwierig
vanskelighed Schwierigkeit
vare dauern
varighed Dauer
varm heiß, warm
varme Wärme; wärmen
vase Vase
vaske waschen
vaske op spülen (Geschirr)
vasketøj Wäsche
vat Watte
ved an
ved siden af neben
vej Weg
veje wiegen
vejr Wetter
vekselpenge Wechselgeld
veksle wechseln
velbekomme
bitte (Antwort auf Dank)
ven Freund
veninde Freindin
venlig freundlich, nett
venstre links
vente warten
verden Welt
vesten Westen
vi wir
vid, lang weit
viden Wissen
vidne Zeuge
vidunderlig wunderbar
vigtig wichtig
vildt Wild
villa Villa
ville mögen; wollen
ville ønske mögen (wünschen)
vinbjerg Weinberg
vinde gewinnen
vindue Fenster
vinkort Getränkekarte
virkelighed Wirklichkeit
vise zeigen
vittighed Witz
vogn Wagen (Eisenbahn)
vokse wachsen
voksen Erwachsene/-r
voldtage vergewaltigen
volt Volt
vores unser
vurdere schätzen
væddemål Wette
væg Wand
vægt Gewicht
væk weg
vække wecken
vækkeur Wecker
vælge wählen
vær så venlig
bitte (Aufforderung)
værdi Wert
værdifuld wertvoll
værdisager Wertsachen
være sein (Verb)
være tørstig Durst haben
være venner befreundet sein
værk Werk
værksted Werkstatt
værktøj Werkzeug
vært Wirt (Haus-)
vært/-inde Gastgeber/-in
væske Flüssigkeit
våd naß

W,Y

weekend Wochenende
yndling Liebling

Æ

ægte echt
ægtepar Ehepaar
ære Ehre
æsel Esel

Ø

ø Insel
økonomi Wirtschaft
ømfindtlig empfindlich
ønske wünschen; Wunsch
ørken Wüste
østen Osten
Østrig Österreich
østriger Österreicher/-in
øve üben
øvelse Übung

Å

å Flüßchen
åben geöffnet , offen
åbne aufmachen, öffnen
åbning Eröffnung
åbningstid Öffnungszeit
år Jahr
årlig jährlich
årstid Jahreszeit